COMPETÊNCIA SOCIAL:
MAIS QUE ETIQUETA, UMA QUESTÃO DE ATITUDE

Dados Internacionais de Catalogação na Publicação (CIP)
(Câmara Brasileira do Livro, SP, Brasil)

Egger-Moellwald, Lícia
  Competência social : mais que etiqueta, uma questão de atitude / Lícia Egger-Moellwald e Hugo Egger-Moellwald . -- 2. ed. -- São Paulo : Cengage Learning, 2013.

  2. reimpr. da 2. ed. de 2011
  ISBN 978-85-221-1052-0

  1. Competência social 2. Comportamento verbal 3. Etiqueta em negócios 4. Habilidades sociais 5. Relações interpessoais 6. Sucesso profissional I. Egger-Moellwald, Hugo. II. Título.

10-06081   CDD-302.14083

Índice para catálogo sistemático:
1. Competência social : Relacionamento interpessoal : Psicologia social 302.14083

COMPETÊNCIA SOCIAL:
MAIS QUE ETIQUETA, UMA QUESTÃO DE ATITUDE

2ª edição

LÍCIA EGGER-MOELLWALD e HUGO EGGER-MOELLWALD

Austrália • Brasil • Japão • Coreia • México • Cingapura • Espanha • Reino Unido • Estados Unidos

Competência social: mais que etiqueta, uma questão de atitude – 2ª edição

Lícia Egger-Moellwald
Hugo Egger-Moellwald

Gerente Editorial: Patricia La Rosa

Editora de Desenvolvimento: Gisela Carnicelli

Supervisora de Produção Editorial: Fabiana Alencar Albuquerque

Revisão: Mariana Gonzales e Bel Ribeiro

Diagramação: PC Editorial Ltda.

Capa: Marcela Perroni (Ventura Design)

© 2011 Cengage Learning. Todos os direitos reservados.

Todos os direitos reservados. Nenhuma parte deste livro poderá ser reproduzida, sejam quais forem os meios empregados, sem a permissão, por escrito, da Editora. Aos infratores aplicam-se as sanções previstas nos artigos 102, 104, 106 e 107 da Lei nº 9.610, de 19 de fevereiro de 1998.

Para informações sobre nossos produtos, entre em contato pelo telefone **0800 11 19 39**

Para permissão de uso de material desta obra, envie seu pedido para
direitosautorais@cengage.com

© 2011 Cengage Learning. Todos os direitos reservados.

ISBN-13: 978-85-221-1052-0
ISBN-10: 85-221-1052-2

Cengage Learning
Condomínio E-Business Park
Rua Werner Siemens, 111 – Prédio 20 – Espaço 04
Lapa de Baixo – CEP 05069-900 – São Paulo – SP
Tel.: (11) 3665-9900 – Fax: (11) 3665-9901
SAC: 0800 11 19 39

Para suas soluções de curso e aprendizado, visite
www.cengage.com.br

Impresso no Brasil.
Printed in Brazil.
2 3 4 5 6 7   16 15 14 13 12 11

Competência social: mais que etiqueta, uma atitude traz, de forma objetiva, pontual e bem-humorada, ações e atitudes primordiais para o sucesso no ambiente corporativo.

Com genialidade, o livro aborda fatos que ocorrem na rotina das empresas e que muitos de nós sentimos já ter vivenciado. Nos dias de hoje, o comportamento social definiu-se não por algo a mais que cada indivíduo porta, mas por competências essenciais no convívio coletivo para aqueles que almejam despontar num cenário competitivo.

No momento em que todas as nossas ações tornam-se agentes de comunicação, não basta apenas estar a par de questões de etiqueta de comportamento para evitar gafes em ambientes corporativos. Novas formas de relacionamento, fruto da interatividade e acessibilidade tecnológica, demandam mais do que habilidades técnicas. Conhecimentos gerais e culturais deixaram de ser vistos apenas como *hobbies* – tornaram-se parte da formação do profissional que almeja sucesso e ascensão na carreira e que se propõe a alcançar patamares que possibilitem habilidade no trato social, flexibilidade e adaptabilidade.

As dicas sobre regras de conduta moral, visando à busca da harmonia no relacionamento e na compreensão do outro, se tornam ferramentas por meio das quais uma nova sociedade, em constante transformação, emergirá.

Formação, atuação, desempenho e competência social ditarão o futuro nas empresas. Seja embaixador de si mesmo. Boa leitura!

Thaís Funcia
Diretora da Escola de Turismo e Hospitalidade
da Universidade Anhembi Morumbi
Laureate International Universities

Competência Social: mais que etiqueta, uma questão de atitude é um livro que deve estar na cabeceira de todo jovem que pretende se incluir e ascender no mundo corporativo, social e afetivo. Por uma única razão. Nunca se tem, na vida, uma segunda chance de se causar uma primeira boa impressão. Estamos tão atarefados, preocupados com problemas mil, que não temos tempo para dar a você uma segunda oportunidade se você falhar na primeira. Simplesmente gritamos: "Próximo". Eu sei que você estudou, foi um dos primeiros da classe, tem mestrado, mas o que a maioria dos seus avaliadores, sejam eles amigos, chefes ou namorados e namoradas, irá observar é o seu cabelo, sua roupa, o papel do seu currículo, o erro de português que você cometeu.

Lícia e Hugo vão lhe mostrar zilhões de erros que pessoas praticaram e, por isso, ficaram para trás. Deveria ser um livro obrigatório em todo curso profissional do Brasil.

Stephen Kanitz
Brasil Que Dá Certo
http://brasil.melhores.com.br

SUMÁRIO

1. COMPETÊNCIA SOCIAL E GLOBALIZAÇÃO   1

Globalização: ambiente altamente complexo para empresas e pessoas   1
Competência social   2
Competência social e a vida prática   3
Você tem competência cultural?   4

2. NEUROCIÊNCIA E ETIQUETA: QUEM DISSE QUE SÃO ASSUNTOS INCOMPATÍVEIS?   7

Processos de decisão em ambientes favoráveis   9
Pensamento positivo ajuda a melhorar a performance e a atuar com sucesso   10

3. FATOR HUMANO   13

A importância de entender com os sentidos   15
Olho no olho   15
Ruído de comunicação: um mal que precisa ser controlado   16
Percepção diferente atrapalha o fluxo da comunicação   18
Comportamentos que dificultam a comunicação pessoal   18
Por que temos de parecer perfeitos?   19
Errar não pode ser um hábito   20
O desafio de parecer sempre bem   21
Aceite o elogio   21
Comece o dia com um sonoro "Bom-dia!"   21

4. DETALHES QUE AJUDAM A TER UMA VISÃO MAIS AMPLA DO MUNDO   23

Nós adoramos os super-heróis   23
Preste atenção no que você comenta sobre a sua empresa   24
Não ponha a mão sem autorização do proprietário   25
Ao se relacionar, lembre-se de que não somos todos iguais   25

Carro: a bolha que nos isola 26
É na mesa de jogo que se conhece o caráter das pessoas 27
Todo cuidado é pouco quando o assunto é a virtualidade 28
O uso de drogas na *Second Life* 29
Escreveu o nome errado, o pau comeu 30
Fofoca: "Onde há fumaça nem sempre existe fogo" 30
Falar o que se pensa tem limites 31
Não sabe sobre o que conversar? Use a Teoria do Martelo 31
Os mesmos amigos sempre? Não é bom 32
Para conversar é preciso ter competência 33
Uma história verdadeira 34
Será que está correto o que você ouviu? 35
Tome uma atitude e torne a vida mais interessante 35
Vida entediante tem jeito 37
Você tem qualidade? 37
Respeite as convicções políticas dos outros 37
Seja um misto de formiga e cigarra 39
O "faz-tudo" dificilmente cresce na empresa 40
Você finge que faz, eu finjo que acredito 40
O exemplo vem de cima 41
Quem tem o poder pode, mas não deve 41

5. CORPO COMO MEIO DE COMUNICAÇÃO 43

Estude as suas caras e bocas 44
A aparência e o sucesso 45
Por falar nisso, você já pensou no poder das roupas? 46
Moda: o paradoxo na vida profissional 47
Na moda sem sair da linha 48
Casual Day 49
O almoço no restaurante japonês: uma história de dar dó! 50
A etiqueta no sapato e o marketing pessoal 50
Sapato sujo é um perigo 51
Perfume demais compromete o ambiente 51
Quanto uma unha feia custa para a imagem? 51

6. COMPORTAMENTO 53

Banheiro do escritório, "micos" e gafes possíveis de prevenir 53
A vida corporativa não é baile de carnaval 54
Cuidado com a sua bagunça! 54
Se o assunto for casa e carro, preste atenção 55

Ser assertivo é a melhor atitude 56
Uma história sobre mau humor 56
Fumar é um hábito malvisto 57
Os estranhos companheiros de elevador 58
Espere para entrar no elevador 59
Não dê munição para falarem mal de você 59
O palavrão e o ouvido que virou penico 60
Não torture quem está acima do peso 60
Oiiii... Você recebeu o meu e-mail? 61
Chega de colocar gente na sua "Kombi" 62
Falar alto no escritório é falta de educação 62
Criticar é fácil, difícil é ser elegante 62
Depois de "pagar um mico", é melhor só pedir desculpas 63
O que fazer para ter bons amigos 64
Quando – e como – dizer não? 65
Mulheres gostam de homens gentis 66
Quando subir de cargo, mantenha os pés no chão 67
Quem "paga um mico" tem de dar risada 67
Simpatia ajuda a deslanchar a carreira 68
Torcida de futebol: um ótimo assunto para gerar antipatia 68
Você sabe usar corretamente seu celular? 69
Um pouquinho de humildade não atrapalha 70
Uma história horrorosa! 70

7. BEIJOS, APRESENTAÇÕES E APERTOS DE MÃO 73

Bom-dia, boa-tarde e até logo ajudam no relacionamento 73
O beijo no ambiente de trabalho 73
O beija-mão 74
Aperto de mão: indício da personalidade da pessoa 75
Descubra o jeito certo de apresentar pessoas 76
Senhora, Dona ou você? 76
"Prezado" quem? 77
Reza brava não ajuda a lembrar o nome das pessoas 77
Gente bobinha 78

8. REFEIÇÕES E NEGÓCIOS 81

Para comer com elegância não é preciso ter uma avó chatinha 81
Na mesa de refeições, o elegante é o homem levantar-se para a mulher 82
"Desatentos de plantão": empurrem a cadeira 82
Cotovelos na mesa 82

Sobre guardanapos: histórias e conselhos   83
Socorro! Apareceu um ET no meu prato!   84
Fale baixo no restaurante   85
Coitadinha da flor...   85
Pegue leve com o garçom   85
A posição dos talheres indica o final da refeição   86
Comida espalhada no prato: sinal de descontrole   86
Você come com cuidado?   86
Almoço com colegas pode ser difícil   87
Bebidas e clientes   87
No restaurante, não ande com seu drinque   88
A arte de passar manteiga no pão   88
Olha o sanduíche no couvert!   88
Canapés malcheirosos são uma prévia do inferno   89
O miolo e a falta de assertividade... uma história triste   89
Aceita um cafezinho?   90
Palitar os dentes... Que feio!   91
O problema das azeitonas com caroço   91
Uma engasgada no Planalto: uma história diferente!   92
Open House   92

9. HIGIENE   95

Cuidado com comidinhas nos dentes   95
Fiapo de manga: o invasor maldito   95
A verdurinha nos dentes e o John Voight   96
Dentes brancos: sinal de juventude   96
O exército da escovação   97
A faxina no nariz do Presidente   97
O cuspidor: uma ameaça oculta   98
Olhe a gripe!   98

10. LUTO E DOENÇAS   101

Luto: momento triste. Que fazer?   101
Os cumprimentos aos familiares   102
O telegrama   102
O vestuário   102
Como se comportar   102
A cova e o curioso   103
Um colega adoeceu. E agora?   103

11. ABERRAÇÕES DE COMPORTAMENTO   105

Assédio moral: a violência sem armas   105
O emprego e o cliente Don Juan   106
Quando o diabo é o patrão   106
Chefes que gritam comprometem a motivação dos funcionários   106
Um *e-mail* de alguém muito magoado   107
Como enxergar o chefe...   108

12. SÓ PARA MULHERES   111

Vestiário feminino: local impróprio para desfilar sem roupa   111
Conversas que aproximam e que afastam os homens   112
TPM e trabalho: uma ligação perigosa   113
Eventos profissionais: ótimos momentos para ajudar o companheiro   114
Quando repetir roupa se torna um pecado   115
Prorrogação da licença-maternidade: ameaça ao trabalho feminino?   116
A importância da postura no ambiente de trabalho   118

13. SEXO E TRABALHO   121

Relacionamentos amorosos no trabalho exigem cuidado   121

14. SALA DE REUNIÃO   123

Abençoado seja o maldito ar-condicionado!   123
Colega de trabalho pode não ser amigo   124
Informalidade demais não é bom   125
Medo de não aparecer: o grande vilão das empresas   125
Cuidado, há gente de olho em você!   126
Cartão de visitas: a marca do profissional   127
Você é a "bola da vez"? Seja discreto   127
Imagem e coerência   128
Síndrome de Alexandre destrói o espírito de qualquer equipe   129
Trabalhos e opiniões descartados: geradores de pouco-caso   129
Seja prudente ao delegar um trabalho   130
Balançar-se na cadeira: não pratique essa brincadeira   130
Nada de grande acontece sem a colaboração dos pequenos   131
O risco de ser porta-voz   131

15. FESTAS E COMEMORAÇÕES   133

Festa de final de ano na empresa: cuidado!   133
O significado dos presentes   134
Amigo secreto: presente mágico ou trágico?   135
Uma lembrancinha para a dona da casa   136

16. VIAGENS DE NEGÓCIOS   137

A marca da empresa nas mãos dos funcionários   137
Comportamentos que devem ser evitados em público   138
Dividir o quarto com alguém exige respeito   138
Na hora de viajar, é preciso não se esquecer dos "outros"   139
A neurose do celular e o café da manhã no hotel   141

17. ENTREVISTAS DE SELEÇÃO: NÃO CAIA EM ARMADILHAS   143

Você vai encarar uma entrevista de seleção?   143
Etapas do recrutamento e seleção de candidatos: como se sair bem   144
Fale-me sobre os seus pontos fortes   145
Aprenda a camuflar os pontos fracos do seu currículo   146
Tipos de currículos   146
Comunicação integrada: honestidade e a vida profissional   147
A roupa correta para a entrevista de seleção   147

18. O RELÓGIO NÃO PARA   151

Correria, a inimiga do dia a dia   151
Você me manda uma proposta, mas é URGENTE!   152
Você sabe administrar seu tempo?   153
Olha o relógio!   153
Olha a hora, olha a hora!   154

19. VOCÊ É UM "BACANA" OU UM "NADA A VER"?   155

20. CONCLUSÃO   157

CAPÍTULO 1
COMPETÊNCIA SOCIAL E GLOBALIZAÇÃO

GLOBALIZAÇÃO: AMBIENTE ALTAMENTE COMPLEXO PARA EMPRESAS E PESSOAS

De alguns anos para cá, a palavra globalização[1] tornou-se o centro das atenções, a desculpa e a culpa para as mudanças boas e más no comportamento da maior parte das pessoas.

Até os últimos rincões da terra, paraísos que se julgavam preservados dos tentáculos das mudanças têm sido constantemente desafiados a preservar sua essência, depois de ter experimentado os primeiros acenos do que poderíamos acreditar ser o maior movimento de alteração de visão e valores já ocorrido.

A globalização, com suas redes de computadores interligados por satélites poderosos, que permitem acessos ilimitados a qualquer pessoa, em qualquer lugar, e a velocidade dos meios de comunicação e dos transportes diminuíram o mundo de tal forma que o globo ficou pequeno.

De repente, somos muitos invadindo tudo o que possa existir no planeta. Para nós, atualmente o mundo não apresenta segredos que não possam ser desvendados, pessoas que não possam ser encontradas e situações que, mesmo a distância, não possam ser compartilhadas.

Para as empresas e os executivos, a globalização tem funcionado como um predador faminto, que ameaça de extinção tudo o que não se adaptar a esses novos tempos e condições. Consequentemente, a competitividade exacerbada, as atitudes predatórias e o canibalismo empresarial apresentam-se como justificativa, em muitos casos, para a criação e a continuidade dos negócios.

Com o aumento do número de empresas e a disputa dos mercados, a visão de que a violência de qualquer natureza pode ser aceita, se a condição for a vitória, e a ideia

---

[1] Segundo o Dicionário Houaiss, globalização é o processo pelo qual a vida social e cultural nos diversos países do mundo é cada vez mais afetada por influências internacionais em razão de injunções políticas e econômicas.

de que a vida executiva é menos exigente com o que diz respeito a comportamentos e atitudes dos executivos são cada vez mais falsas.

Atualmente, a cobrança por grandes desempenhos, a disponibilidade para aceitar uma quantidade inimaginável de desafios e a capacidade de interagir com pessoas que até bem pouco tempo seriam impensáveis, obrigam o respeito às convenções socioprofissionais e a atitudes que despertem simpatia e desejo de colaboração. Para o executivo globalizado, saber abrir e fechar negócios pelo mundo, conviver com o diferente, não é mais um desafio ao qual se lança um ou outro aventureiro. O que se espera de um executivo de ponta são, nada menos, do que as mesmas competências pensadas por Marco Polo.[2]

Além do conhecimento formal, espera-se que um executivo saiba conviver com as diferenças culturais e tenha uma atitude positiva diante de quaisquer mudanças. Mais do que nunca, isto é o que as empresas esperam na formação de seus executivos.

COMPETÊNCIA SOCIAL

A globalização tem cobrado mudanças nas exigências das competências para os executivos. O conhecimento formal, atualmente, apesar de importante, é considerado o mínimo necessário e deve, obrigatoriamente, vir acompanhado de competência social.

Competência social é a reunião de todos os conhecimentos não técnicos ou de aplicação prática para a atuação profissional e adquiridos ao longo da vida, nas interações entre as pessoas, e do desempenho da profissão.

Dessa forma, é de se supor que uma pessoa exposta a situações socioprofissionais diferentes com frequência, ao longo de um determinado tempo, terá reunido conhecimento, flexibilidade, destreza para atuar com sucesso em outras situações semelhantes.

No mundo das empresas globalizadas, executivos que atuam sem receio de cometer deslizes e que se apresentam como parceiros da organização que representam na construção de uma imagem positiva têm valor inestimável.

Para grande parte das empresas, de nada vale um executivo que fale três ou quatro línguas, tenha completado seus estudos nos bancos de uma das melhores universidades do mundo, se na prática ele não souber interagir adequadamente com as pessoas que encontrará pelo caminho.

Executivos despreparados para atuar longe do local de trabalho podem desmerecer e até denegrir a imagem da empresa, arduamente construída. O aprendizado e a percepção da competência social para as funções profissionais devem permear os profissionais desde o início da carreira.

A falta de recursos sociais – bons modos, correção na maneira de se vestir e traquejo social – não impossibilita que, a qualquer momento, se dê início ao aprendizado e à atuação dessa competência.

---

[2] Marco Polo foi um mercador, embaixador e explorador veneziano do fim da Idade Média.

Cientes de que a performance social é valor fundamental para uma carreira, universidades estrangeiras de porte e algumas nacionais adiantaram-se em levar para os bancos de suas escolas de negócios o que é avaliado a peso de ouro pelas empresas modernas: o conhecimento a respeito da competência social.

Mais do que nunca, as transações de natureza cada vez mais complexas exigem profissionais com referenciais sociais globalizados e aptos a acessar e a se relacionar com uma rede de pessoas, comportamentos e valores tão complexos quanto os negócios nos quais estarão envolvidos.

A maior exigência de capacitação social hoje do que em outros tempos é própria da globalização, e é o que nos permite dizer que, atualmente, cada executivo trabalha como embaixador de sua empresa, mesmo em situações que envolvam apenas a manutenção do negócio. E, como tal, seus conhecimentos sociais também devem, necessariamente, ser maiores e mais complexos que os do passado. O executivo deve conhecer todas as práticas sociais que permitam ampliar a possibilidade de resultados positivos para a organização e, naturalmente, para a sua carreira. O mesmo aplica-se aos profissionais que pretendem trabalhar como empreendedores.

COMPETÊNCIA SOCIAL E A VIDA PRÁTICA

O mundo moderno não permite mais dissociar atitudes e comportamentos usados nas relações profissionais daqueles usados nas relações sociais. Portanto, saber se comportar, comer corretamente, conversar ou simplesmente se vestir são fatores relevantes no dia a dia do executivo.

Até pouco tempo, quando as viagens de negócios eram privilégio de poucos, a vida executiva resumia-se ao escritório e, ainda assim, só no horário de trabalho. Hoje, nas interações profissionais globalizadas, os executivos interagem dias e até semanas fora de sua cidade. Isso os obriga a compartilhar momentos da vida particular com pessoas diferentes e a conhecer outros costumes e formas de lazer.

A exposição dos gostos pessoais, hábitos e costumes que até então era pouco provável de acontecer no ambiente de trabalho tornou-se frequente. Não é raro, atualmente, um torcedor fanático de um time de futebol brasileiro ter que demonstrar semelhante entusiasmo ao assistir a um jogo de beisebol ou a um concerto de música clássica em outro país quando acompanhado de colegas do local.

Pode-se dizer o mesmo a respeito da importância de saber se apresentar vestido adequadamente, iniciar e manter uma conversa, comer de acordo com a etiqueta e agir a contento nas mais diferentes situações socioprofissionais em qualquer lugar do mundo em que se esteja.

A erudição, desenvoltura social e boa imagem pessoal encantam e cativam pessoas em qualquer parte. Daí que, para ter êxito nesta nova realidade, o bom desempenho social é uma exigência.

VOCÊ TEM COMPETÊNCIA CULTURAL?

Considerado até pouco tempo como supérfluo para quem pretendia uma excelente atuação profissional, ter conhecimentos gerais no mundo globalizado passou a ser um diferencial competitivo.

Embora possa parecer estranha a ideia de um executivo precisar conhecer vários assuntos além dos necessários para a prática do trabalho, entender o que se passa no mundo é garantia de competência e de uma percepção mais ampla dos fatos que acontecem também no trabalho.

Aquele profissional *workaholic* e sem tempo para boas leituras, cinema, teatro ou exposições pode não ter todas as competências necessárias para desempenhar papéis de destaque numa organização.

No contato com os clientes, por exemplo, sabe-se que a conversa nem sempre fica restrita à descrição dos detalhes do produto ou dos serviços que estão sendo negociados. Muitas vezes, os negócios nascem ou são fechados em meio a conversas sobre assuntos gerais, que servem justamente para aproximar, impressionar ou amenizar um clima mais tenso.

No dia a dia, as empresas percebem que o colaborador que não sabe nada além do que diz respeito estritamente ao trabalho, futebol e chope pode ser um tremendo fiasco durante um almoço com um cliente em potencial.

Para resolver o problema, algumas empresas estão incluindo, no salário, uma verba para ajudar a consolidar nos seus colaboradores o hábito de frequentar cursos, exposições, concertos e teatro.

Viver a vida nos seus 360 graus (amigos, cultura, dinheiro, família e trabalho) tornou-se fator relevante para evidenciar competência na gestão da vida, pois no relacionamento com os amigos, no interesse pelo que acontece no mundo das artes, literatura e espetáculos e na vida em família recebemos uma gama enorme de informações que nos ajudam a ampliar nosso conhecimento e melhorar nosso desempenho como pessoas, o que se estende naturalmente para a carreira profissional.

Saber conversar sobre vários assuntos, entender em que momento se deve falar sobre negócios e quando é melhor falar sobre amenidades é tão importante que nos faz lembrar de uma boa história de negócios.

Conta a lenda que o embaixador Flecha de Lima recebeu um grupo dos Emirados Árabes para uma negociação muito importante envolvendo os dois países. Depois de muita discussão, a negociação empacou e parecia sem saída, até que a embaixatriz resolveu interferir e pediu ao marido que convidasse a delegação para um jantar.

Na ocasião, só um assunto foi proibido: a negociação que estava em andamento. Dizem as más línguas que o jantar foi incrível e que a delegação se divertiu muito. Mas, o melhor de tudo foi que, no dia seguinte, na volta aos trabalhos, o negócio foi fechado em uma hora.

Portanto, quem não está apto a discorrer sobre vários assuntos no momento em que um negócio está sendo discutido deve se preparar para adquirir conhecimentos gerais. Em pouco tempo, as empresas inteligentes deverão exigir, ao contratar um funcionário, além da competência técnica para a função, conhecimento para que saiba se sair bem em qualquer situação da vida socioprofissional.

CAPÍTULO 2
NEUROCIÊNCIA E ETIQUETA: QUEM DISSE QUE SÃO ASSUNTOS INCOMPATÍVEIS?

O estudo da neurociência tem sido de grande valia não só para a compreensão do funcionamento do corpo humano, mas também para a percepção dos motivos pelos quais as práticas do bom comportamento trazem benefícios evidentes aos nossos relacionamentos profissionais.

O impacto das nossas atitudes e ações no comportamento das pessoas que compartilham o mesmo ambiente de trabalho é explicado por neurocientistas importantes, como Antonio Damásio,[1] que expôs, de forma clara, em seus livros, o papel do cérebro e do corpo nas nossas atuações.

Para a neurociência, cérebro e corpo agem em conjunto, o que nos impede de acreditar que o que acontece fisicamente com uma pessoa não tenha impacto imediato em seu cérebro.

Ocorre mais ou menos o seguinte: se a pessoa que trabalha num ambiente com ar-condicionado muito gelado sentir frio, terá dificuldade para pensar e realizar com competência seu trabalho. Isto impactará da mesma forma todas as pessoas que convivem no mesmo ambiente. O mesmo se pode dizer de um chefe que vive berrando com seus funcionários; o organismo das pessoas envolvidas refletirá a tensão a que são expostas.

Sabe-se que o corpo reage ao meio ambiente em que se encontra e vice-versa. Assim, um ambiente de tensão pode ser sentido por qualquer pessoa que, desavisada, nele entre, e isto provavelmente refletirá no seu comportamento.

O estudioso Fritjof Capra chama a atenção para a importância das relações sociais na criação, manutenção e sustentação das redes de relacionamento. Para ele, "cada comunicação cria pensamentos e um significado que dão origem a outras comunicações, e assim a rede inteira se regenera".[2]

---

[1] Antonio Damásio ficou conhecido como o cientista que questionou a respeito da consciência e de que forma o cérebro aciona a linguagem, a memória, as emoções e decisões. Damásio explorou enigmas científicos de forma inteligível.
[2] CAPRA, Fritjof. *As conexões ocultas, ciência para uma vida sustentável*. São Paulo: Pensamento-Cultrix. 2002.

Existe uma interdependência entre todas as pessoas que convivem direta ou indiretamente numa empresa e, para cada comportamento bom ou ruim, todos os corpos envolvidos devem esboçar uma reação ao acontecimento que se propõe. Desta forma, uma série de ações positivas ou negativas geram um clima com as mesmas características.

Mas essas percepções vão além. Cada um de nós percebe as situações à sua maneira. Somos indivíduos com proximidade física, mas com experiências totalmente diferentes uns dos outros. Irmãos que nasceram dos mesmos pais, viveram no mesmo ambiente e foram expostos praticamente às mesmas situações, pensam e reagem de forma diferente.

Damásio[3] explica que nosso corpo, e não a realidade, é que serve para comprovar aquilo que vemos e aquilo em que acreditamos. Então, quando nos sentimos frágeis ou inseguros, percebemos o que está acontecendo ao nosso redor de forma completamente diferente do que perceberíamos, se, na ocasião, a sensação fosse de bem-estar e segurança.

Essa percepção nos leva a crer que, quando usamos de bons modos e nos comportamos de forma amistosa e hospitaleira com as pessoas no ambiente de trabalho, o reflexo será de equilíbrio nas relações, maior produtividade e criatividade, culminando num ambiente de cooperação menos vulnerável a tensões e mal-entendidos.

Cristine Greiner,[4] em seus estudos sobre o corpo, traz uma boa contribuição para que se compreenda a importância da etiqueta no trabalho. Segundo ela, não é correto dizer que o ambiente é responsável pelas sensações e atuação do corpo, nem que o corpo é responsável pelo que acontece no ambiente; ambos atuam e reagem ao que acontece o tempo todo.

Entender e aplicar esses conhecimentos nas interações humanas não é mero exercício de desenvoltura social, mas a garantia de que os esforços individuais e coletivos serão adequadamente entendidos e bem recebidos por todos os públicos da organização.

Ambientes e pessoas que mantêm relações estáveis e acolhedoras tendem a favorecer percepções positivas e tomadas de decisão mais acertadas. Mas do contrário não se pode dizer o mesmo.

A atenção para o impacto do que é percebido pelas pessoas e sua reação quando expostas a determinados eventos, situações e interações serão determinantes para os eventos posteriores.

Ambientes em que as pessoas mantêm comportamentos agradáveis e estáveis tendem a ser mais criativos, favorecendo o aprendizado e o trabalho. Já os instáveis podem com-

---

[3] Nosso próprio organismo – e não uma realidade externa absoluta – é utilizado como referência de base para as interpretações que fazemos do mundo que nos rodeia e para a construção do permanente sentido de subjetividade que é parte essencial de nossas experiências. De acordo com essa perspectiva, nossos mais refinados pensamentos, nossas maiores alegrias e nossas mais profundas mágoas usam o corpo como instrumento de aferição. DAMÁSIO, Antonio. *O erro de Descartes*: emoção, razão e cérebro humano. São Paulo: Companhia das Letras, 1996. p. 17.

[4] Falar em coevolução significa dizer que não é apenas o ambiente que constrói o corpo, tampouco o corpo que constrói o ambiente. Ambos são ativos o tempo todo. A informação internalizada no corpo não chega imune. GREINER, Christine. Corpo e paisagem. In: GREINER, Christine, BIÃO, Armindo (Orgs.). *Etnocenologia*: textos selecionados. São Paulo: Annablume, 1998. p. 43.

prometer as redes de relacionamento em função da dificuldade dos funcionários de exercer a capacidade plena nas tomadas de decisão, o que se evidencia através de estudos.

PROCESSOS DE DECISÃO EM AMBIENTES FAVORÁVEIS

Qualquer processo de tomada de decisão não é simples, pois exige estratégias de raciocínio que envolvem objetos, pessoas, situações e outras informações que foram vivenciadas pela pessoa e que tenham alguma proximidade com a situação em questão.

Berthoz, um grande estudioso da capacidade de decisão, considera o cérebro um simulador da ação, um gerador de hipóteses, que antecipa e prediz as consequências das ações em função da memória do passado.

Segundo esse ponto de vista, para se tomar uma decisão é necessário que se perceba a situação que está se desenvolvendo, as diferentes opções de respostas para essa determinada situação e suas possíveis consequências, imediatas ou futuras.

Mesmo não tendo consciência do processo, cada um de nós avalia uma determinada situação a partir do que vivenciou, presenciou ou simplesmente ouviu falar.

Assim, para se chegar à resposta final e tomar uma decisão, é preciso recorrer a um grande arquivo de fatos, confrontá-los com os objetivos intermediários e finais para imaginar o resultado. Por exemplo, um funcionário precisa decidir se o pedido do chefe é factível de ser realizado. Para tanto, vai usar de todas as informações armazenadas no seu cérebro, inclusive como foi o comportamento do chefe nas situações em que foi contrariado pela impossibilidade de ter seu pedido aceito. Só depois de analisar todas as possibilidades é que o empregado expõe sua decisão.

Por incrível que pareça, tomar uma decisão é uma tarefa complexa, principalmente quando está em causa nossa vida pessoal ou a manutenção do emprego. Portanto, é de se imaginar que, em ambientes instáveis e de muita pressão, todo esse processo seja afetado e torne as decisões, pequenas ou grandes, atos cercados de precariedade e risco.

Sob pressão ou sensação de ameaça, a tendência é que se busque, para a situação, uma saída rápida, que atenda às expectativas imediatas, seja ela acertada ou não. Nessas condições, o tempo para verificar as alternativas disponíveis parece menor, o que limita a qualidade da análise e, naturalmente, da decisão.

Empresas cujos chefes são agressivos e exigem respostas rápidas para um grande número de situações sem estabelecer adequadamente as prioridades, ou pressionam para soluções que sirvam apenas para um determinado momento, tendem a colocar em risco o futuro desempenho da organização.

Uma empresa em que as pessoas não têm liberdade de confessar que não conseguem dar conta do que foi pedido, ou não se sentem valorizadas pelo que realizaram corretamente, torna-se um terreno fértil para decisões de má qualidade.

Nesses casos, a competência social permite que se alcance um alto grau de assertividade da equipe de colaboradores, num ambiente propício à colaboração e ao comprometimento com o objetivo proposto, sem que seja necessária a utilização de métodos de persuasão que incluam agressão ou qualquer outra forma de violência emocional.

O equilíbrio das forças geradoras que impactarão nos resultados favoráveis à continuidade de uma organização está certamente embasado na qualidade das pessoas envolvidas, no ambiente gerador de estabilidade nas relações e objetivos adequados à estrutura.

Desta forma, a atuação dos colaboradores permite que os pensamentos gerem comportamentos positivos, que necessariamente estarão refletidos nas suas atuações.

PENSAMENTO POSITIVO AJUDA A MELHORAR A PERFORMANCE E A ATUAR COM SUCESSO

Um estudo sobre o treinamento de esportistas profissionais revelou que manter pensamentos positivos na hora da disputa aumenta muito as chances de vitória. A ideia é que, quando o esportista se deixa tomar por uma emoção negativa, ele geralmente perde.

Aplicando este estudo à vida executiva, não é difícil imaginar que pessoas que trabalham em ambientes agradáveis têm um bom conceito de si mesmas, acreditam poder vencer os obstáculos e ter mais chance de alcançar o sucesso para si e para a empresa do que aquelas que trabalham em ambientes instáveis.

Segundo o estudo, o exercício para se dar bem depende apenas do treinamento sistemático sobre o que pensar. Como? O método é o seguinte: todos os dias, ou de tempos em tempos, a pessoa deve se imaginar em situações que possam causar conflito ou medo. Nesse momento, ela deve mudar o pensamento e se ver agindo de forma positiva e assertiva, ou seja, apresentando um bom desempenho.

Para dar certo, é preciso pensar em todos os detalhes, inclusive na roupa que se estará usando, no lugar em que o evento irá acontecer e quem estará envolvido. A proposta é imaginar-se saindo bem naquela situação.

O que está por trás disso é a ideia de que o cérebro grava as sensações de bem-estar e realização. Assim, quando o evento realmente ocorrer, o cérebro já estará programado para uma boa atuação.

Se isto é verdade ou não, ninguém sabe, mas experimentar não destrói ninguém. Nos estudos da Programação Neurolinguística[5] a crença é de que os pensamentos positivos geram comportamentos e atitudes ganhadoras e, até onde se sabe, muitos se deram bem com esta proposta.

---

[5] Programação Neurolinguística (PNL) pode ser definida como técnicas, axiomas e crenças utilizadas visando ao desenvolvimento pessoal. Baseia-se no conceito que a mente, o corpo e a linguagem interagem para criar a visão de mundo de cada indivíduo.

CAPÍTULO 3
FATOR HUMANO

No dia a dia do trabalho não nos lembramos dos processos que são utilizados pelo corpo para entrar em contato com o mundo. Porém, é fácil perceber que sabemos o que acontece ao nosso redor através dos cinco sentidos: visão, audição, tato, olfato e paladar.

Esses sentidos combinados nos fazem ser o que somos, uma vez que nosso contato com o mundo e o deste conosco são feitos unicamente através dessas vias.

Entre os sentidos humanos, o que mais se destaca é a visão, principalmente nesta época em que as imagens povoam com tanta força nosso cotidiano. Isto explica por que damos tamanha importância para o que está disponível ao olhar.

A incrível quantidade de imagens disponibilizadas no mundo nos ensinou a crer que o que vemos, desde que faça algum sentido, é verdadeiro. Desta forma, as imagens que construímos de pessoas, eventos e lugares são classificadas dentro dos padrões que aprendemos a acreditar como bons, honestos, bonitos, ou os seus contrários.

O processo que utilizamos para decidir como vemos uma imagem é o mesmo que utilizamos para as nossas tomadas de decisão. Assim, se no repertório de memória de uma pessoa determinado evento parece bom, ele será visto como bom, independente da realidade.

Isso justifica o porquê de termos que ser cautelosos com a imagem que projetamos. Desde nossa aparência até detalhes como um cesto de lixo lotado de papéis no escritório passam a ser importantes quando analisados pela ótica do outro.

O que aprendemos a ver nos filmes, televisão e revistas também se transformou em padrão estético e de comportamento a ser perseguido ou odiado. Assim, não é difícil encontrar pessoas que tentam parecer com seus ídolos ou que repudiam uma determinada imagem.

Isso porque, para que possamos entender o mundo, classificamos o que vemos, ouvimos ou sentimos de alguma maneira. Faz parte do ser humano colocar as pessoas, objetos, ambientes e a si mesmo em algum tipo de classificação, tal como feio ou bonito, gordo ou magro, alto ou baixo, seguro ou perigoso. Assim, quando vemos uma pessoa, usamos esse processo para distingui-la das demais.

Pesquisas apontam que 75% do que acreditamos ser verdadeiro numa pessoa vêm do impacto que ela causou à primeira vista. Embora isto possa parecer injusto, uma vez que nem sempre podemos nos apresentar com a nossa melhor imagem, é assim que acontece.

No que diz respeito aos espaços que ocupamos e bens que nos pertencem, vale a mesma regra. A decoração de um determinado ambiente, o carro que usamos e os locais que frequentamos refletem, a partir de conceitos aprendidos, segurança, poder, tecnologia, criatividade, descontração etc.

Dessa forma, a construção da imagem pessoal deve se tornar, como poderá ser visto nos textos que seguem, preocupação fundamental para quem espera minimizar os ruídos de comunicação.

O sentido da audição, dizem os especialistas, é responsável por 20% da forma como somos vistos logo na primeira vez. Imagine só o quanto isto é grave, na medida em que o tom de voz que utilizamos para a comunicação, a modulação e as palavras podem colaborar para que os outros decidam se somos pessoas simpáticas e interessantes ou não.

Para evitar que sejamos mal compreendidos apenas porque não usamos o tom certo ou a linguagem correta para a situação, devemos nos policiar quando nos apresentamos ou nos dirigimos à outra pessoa logo na primeira vez.

É preciso lembrar que, se no primeiro contato formos antipáticos, malcriados ou muito distantes com nosso interlocutor, o que ele vai pensar pode não ser favorável.

Um exemplo típico de como acreditamos que uma pessoa é simpática acontece quando nos encontramos numa sala de espera e recebemos de quem chega um cumprimento em tom amistoso. Experiências anteriores levam a crer que um tom de voz simpático significa que aquela pessoa é de fácil relacionamento caso tenhamos de conversar com ela.

Para quem age sem se preocupar com o que as pessoas podem pensar no ambiente de trabalho, é bom lembrar que uma má impressão dificilmente será desfeita. Embora o tempo e futuras interações agradáveis possam acontecer, a primeira impressão dificilmente mudará.

Não é raro ouvir afirmações a respeito do impacto da voz ou do jeito de falar de uma pessoa logo no primeiro encontro: "Quando fulano abriu a boca e falou, foi muito arrogante".

Tempos depois, mesmo que o tal fulano tenha mudado radicalmente seu jeito de falar, o repertório de memória de quem ouviu retorna ao primeiro encontro.

A percepção de quem nos ouve pode sofrer uma variação favorável ou não, dependendo da forma e do tom que usamos para falar. Quando nos dirigimos a alguém, estamos à mercê do que foi vivido e aprendido como correto ou não pela pessoa. Desta forma, a correção no uso das palavras, a adequação do vocabulário ao ambiente, à idade e à profissão do interlocutor são fundamentais para ajudar a causar uma boa impressão.

A IMPORTÂNCIA DE ENTENDER COM OS SENTIDOS

Pensar no corpo como o meio para entender o mundo e se comunicar pode parecer estranho. Mas, para saber o que está acontecendo tanto fora quanto no interior do nosso corpo, não existe outro jeito: temos que recorrer aos sentidos.

Alguns exemplos tornam esta conversa mais fácil. Se está frio, o corpo sente a temperatura baixa pela pele; se a comida está estragada, três dos sentidos são importantes para não se fazer uma bobagem e comê-la: o olfato, a visão e o paladar. E por aí vai.

Do mesmo jeito, usamos o corpo para mostrar o que está acontecendo em seu interior. Por exemplo, se estamos com frio, nossa pele fica como a de uma galinha depenada e, se estiver muito quente, ela começa a ficar vermelha e úmida. No caso de dar "aquela" vergonha, não dá para disfarçar, o rosto fica vermelho.

Não é à toa que existem frases como: "Fulano ficou roxo de raiva", "Ele ficou branco como uma folha de papel" ou "Dava para ver o medo na cara dele".

Isso indica o quanto é importante olhar para as pessoas que interagem conosco e o que nossos sentidos captam sobre o que elas estão sentindo. As pessoas, quando nervosas, agem de forma característica, ficam agitadas e não conseguem se concentrar. Da mesma forma, quando calmas, todo o corpo reflete essa sensação.

Quando prestamos atenção, podemos diferenciar também os aromas e adivinhar o que vai acontecer. Por exemplo, numa festa é possível sentir o cheiro da comida e da bebida. Uma pessoa com o sentido do olfato desenvolvido consegue saber com antecedência o que será servido.

Para quem nunca prestou atenção, uma boa experiência é tentar descobrir os odores que estão presentes numa festa, num escritório, ou a maneira como as pessoas reagem diante de uma notícia boa ou má. Fazendo esses testes, treinamos nossas competências sensoriais para entender as coisas.

Então, olhar para si e principalmente para o mundo através dos cinco sentidos e tentar compreender as informações que chegam até nós pode ajudar a entender o que está acontecendo sem que seja necessário que alguém nos conte. Isto é competência social!

OLHO NO OLHO

Quando pensamos que nosso comportamento é relevante para o ambiente no qual atuamos e associamos isto a um mundo no qual prolongar-se com quem não interessa pode representar desperdício de tempo e oportunidades, não é raro encontrarmos indivíduos que não fixam o olhar enquanto conversam, com medo de estar perdendo alguma informação.

Muitas vezes, enquanto conversam, as pessoas passam o tempo todo tentando saber se está acontecendo algo mais interessante em outro canto da sala. A ideia de perder algum evento, para alguns, é devastadora.

Esse comportamento denota falta de traquejo social. Embora o interlocutor, naquele momento, seja pouco interessante, o fato de se ter detido para conversar com ele implica, mesmo que num curtíssimo espaço de tempo, deixar claro que foi bom o encontro.

A saída, quando não se está com vontade de conversar com determinada pessoa, é apenas cumprimentá-la com simpatia e dizer assertivamente: "Com licença, tenho de cumprimentar outra pessoa".

É comum nos vermos entrando numa arapuca, pois certas pessoas são extremamente cansativas ou inoportunas. Nessas situações, a palavra é assertividade.

Um depoimento do ex-presidente da Rússia, Mikhail Gorbachev, sobre o Papa João Paulo II, deixa claro o quanto o olhar para o interlocutor é importante: "O Papa João Paulo II não é um grande orador, mas, quando conversa, mantém os olhos fixos na pessoa. Isso nos faz sentir muito especiais e pensar nele como um homem cativante e maravilhoso".

RUÍDO DE COMUNICAÇÃO: UM MAL QUE PRECISA SER CONTROLADO

Algumas pessoas são verdadeiros ruídos de comunicação ambulantes. Vestem-se de maneira a chamar muita atenção para a forma como estão trajadas, não combinam as peças que usam, falam alto, vivem atrapalhando e interferindo negativamente no meio ambiente em que atuam.

O ruído de comunicação se estabelece quando perdemos a harmonia com uma atitude que tomamos, um comportamento inadequado para o momento ou a forma como nos vestimos.

Buscar a harmonia e o equilíbrio é sempre complicado, até porque estamos sujeitos à percepção das outras pessoas, e não somente à nossa.

Como vimos, na memória do ser humano existe um consenso sobre como agem as pessoas elegantes e agradáveis de se conviver. E é este consenso – que relaciona uma forma de agir a um tipo de indivíduo – que precisamos buscar e adotar para ter relações cordiais em sociedade.

Num grupo no qual todos têm o mesmo comportamento, por exemplo, roupas e atitudes arrojados, qualquer coisa contrária é motivo de suspeita ou incômodo. Da mesma forma, uma pessoa ou um grupo, ambos conservadores, certamente encontrarão dificuldades para se relacionar com os que são muito diferentes do que lhes é comum.

Buscar o equilíbrio é a melhor forma para agradar a gregos e troianos. Como fazer isto? Fácil! Buscando o que é mais ou menos óbvio para o que esperam de nós naquele ambiente.

Um jeito simples de ver se o que projetamos está coerente com o que queremos projetar é imaginar-se como um personagem de novela. Pense em si como um personagem, faça um levantamento honesto sobre os lugares onde atua, com quem se relaciona, o que faz para ganhar a vida, quais são seus gostos pessoais, jeito de falar, grau de estudo e outras informações que servirão para entender se você está desempenhando corretamente o papel do seu personagem.

A partir daí, verifique como está acostumado a se apresentar em termos de vestimenta. A intenção com este exercício é perceber se existe harmonia entre o ambiente dos seus relacionamentos, seu visual e a forma de se comportar.

Alguns exemplos ajudam no entendimento. O executivo de uma multinacional de auditoria deve se apresentar vestido sobriamente, de terno e gravata, porque o ambiente de sua atuação e sua profissão demandam um vestuário assim, que deixe claro a seriedade e o equilíbrio do profissional.

No caso de uma executiva de uma empresa de propaganda, a memória das pessoas leva a crer num comportamento e vestuário arrojados e criativos. Assim, ela se apresentaria vestida de maneira um pouco mais ousada que alguém com um trabalho que exige aparência mais circunspecta.

No caso de uma mulher jovem e bem-sucedida, que trabalha num escritório tradicional, com pessoas vestidas de terno e gravata, roupas e sapatos muito arrojados ou baratos, ou uma atuação muito descontraída, não combinam com o ambiente.

Como um diretor de novelas, a harmonia do nosso personagem no local de trabalho depende da nossa capacidade de eliminar os possíveis ruídos em todos os aspectos que contribuem para a comunicação pessoal. Esta é uma das formas de melhorar as interações e diminuir a possibilidade de situações e impressões que possam ser marcadas pelo conflito de informação.

A seguir, algumas dicas para minimizar a possibilidade de ruídos na comunicação pessoal:

- Procure chamar o mínimo de atenção sobre seu corpo. Isto evita que as pessoas que o veem ou escutam mantenham o foco da atenção na sua roupa ou no seu jeito, e não no assunto que está sendo tratado.
- Não empregue gírias ou palavrões em situações em que essas palavras não são esperadas, como, por exemplo, na discussão de um negócio ou numa conversa com clientes. Elas são fonte de ruído. O interlocutor pode se sentir incomodado e acabar odiando a companhia.
- Não se atrase, pois a falta de pontualidade provoca irritação na pessoa que espera, e, sentindo-se lesada, ela passa a ouvir apenas metade do que é falado.
- Não saia para almoçar com um cliente com a intenção de aproveitar para beber e comer os itens mais caros do cardápio. Essa atitude demonstra ausência de critério com o dinheiro da empresa, e pode parecer que esse *desvio* encarecerá o produto ou o serviço que estão sendo negociados.
- Não seja maçante, falando apenas sobre o produto, serviço ou benefícios da empresa para a qual trabalha. Um pouco de descontração e abertura para outros assuntos pode ser valioso. Quando a ideia é parecer simpático, a competência social é importantíssima para ajudar a estabelecer vínculos com o cliente.

Como o ruído de comunicação apresenta-se de várias maneiras, quem espera passar uma boa imagem profissional deve se manter alerta para não ficar malvisto por bobagem.

PERCEPÇÃO DIFERENTE ATRAPALHA O FLUXO DA COMUNICAÇÃO

Não é preciso lembrar que não estamos sozinhos neste mundo. As evidências são claras: temos família, amores, amigos, inimigos e relacionamentos profissionais.

Às vezes, entretanto, nos esquecemos do que significa a comunicação com esta rede complexa de relacionamentos. Acreditamos que basta pensar ou falar sobre o que queremos ou intuímos e já fica claro para a pessoa com quem estamos nos comunicando do que se trata.

É raro lembrar que cada um de nós é um indivíduo com singularidades e percepções diferentes. Assim, o risco de não levar em consideração essas diferenças culmina em preconceito, incompreensão e indiferença. Quando isso acontece, além do ruído temos fatalmente um corte no fluxo da comunicação. Simplificando, se não entendemos ou não damos crédito ao que uma pessoa fala, a informação que foi passada, seguramente, será incompleta.

Existem alguns passos importantes para melhorar a comunicação pessoal:

- Preste atenção nas palavras que vai usar para transmitir a ideia.
- Mantenha-se atento às reações da pessoa que está ouvindo e tente perceber se está se expressando de forma clara.
- Busque entender a pessoa que está transmitindo a informação, seus motivos e sua visão de mundo, mesmo que isso seja quase impossível.
- Preste atenção se não está sendo um ouvinte preconceituoso.

COMPORTAMENTOS QUE DIFICULTAM A COMUNICAÇÃO PESSOAL

Quando pensamos em competência social, somos obrigados a levar em consideração alguns adjetivos que são verdadeiros desastres para quem quer ter sucesso. Entre eles, podemos salientar:

- **Vaidoso**: considera-se o máximo. Cria para si barreiras que nem sempre são notadas, mas que tornam difícil uma visão amistosa ou positiva sobre sua pessoa por parte daqueles com os quais se relaciona.
- **Mal-humorado de plantão**: chato de galocha, o desmancha prazeres. É muito difícil conviver com ele. De modo geral, quando temos de nos relacionar repetidas vezes com mal-humorados não o fazemos com prazer e, se possível, evitamos a qualquer custo essa interação.
- **Pessimista**: incomoda até quando não abre a boca. Para ele, nada é bom. Tem constantemente um comentário negativo ou uma palavra de descrédito, e não é nada entu-

siasta. Acaba malvisto, pois, no mundo globalizado, a motivação e o entusiasmo são valores importantes para a manutenção de uma boa imagem pessoal e profissional.

- **Ameaçador:** amedronta, pois está sempre ameaçando os outros. Nada de positivo é construído sob ameaças. Aquele que coloca alguém em situações constrangedoras e ameaçadoras não é respeitado.
- **Autoritário:** acha que pode mandar e desmandar até no recheio do sanduíche do outro. A autoridade se expressa pela competência, respeito e exemplos, e não pela opressão nos relacionamentos.
- **Protelador:** está sempre deixando as coisas para depois, mais tarde, amanhã, um dia desses... Protela a tomada de decisão, deixando evidente a insegurança ou o pouco-caso. Além de muitas vezes atrapalhar processos de trabalho e compromissos, impacta negativamente na imagem da organização.
- **Bonzinho:** aceita tudo que alguém decidir por ele. Autêntico *sem opinião*, vive dizendo: "Para mim está tudo bem", "Se você quiser assim, está ótimo", "Você é quem sabe", "É você quem decide". O bonzinho não necessariamente é bem-visto. O que todos esperam de alguém é senso de justiça, adequação e equilíbrio.
- **Radical:** torna impossível para quem convive com ele saber o que vai acontecer, qual será sua reação em um determinado evento. Para ele, as coisas são horríveis ou incríveis, perfeitas ou intoleráveis.

Para conviver bem com os outros é preciso buscar o equilíbrio. Qualquer comportamento exagerado pode ser prejudicial para o relacionamento e, naturalmente, para a imagem. Ficar conhecido por meio de características pejorativas, como a de ameaçador, pessimista, mal-humorado e outras, denota claramente ausência de competência social.

POR QUE TEMOS DE PARECER PERFEITOS?

Não se engane, todos temos que parecer perfeitos. Lembre-se de que a memória daqueles que interagem conosco é um fator sobre o qual não temos nenhum controle. Assim como estamos acostumados a ler sobre executivos, homens e mulheres que deram certo, negócios que foram um sucesso e empresas que são simplesmente o máximo, cada um de nós tem para si um repertório do que considera bom, ótimo ou péssimo.

Neste caso, mesmo sabendo que a perfeição não existe e que a excelência depende da percepção de cada um, só resta uma opção para quem quer se dar bem na vida socioprofissional: parecer perfeito.

Não se trata de simular, enganar ou fazer de conta, mas de realmente tentar chegar o mais próximo do excelente. Neste processo, nossa imagem, atitudes e comportamentos vão fazer toda a diferença.

Pessoas que dão o melhor de si, vestem-se corretamente para seu tipo físico, trabalho e situação socioprofissional, e ainda são amistosas em seus relacionamentos, têm muito mais facilidade para se fazerem notar e que seu desempenho seja reconhecido.

Pessoas pouco competentes ou dedicadas, muito tímidas, quietas e pouco preocupadas com a aparência teoricamente vão encontrar mais dificuldade para vencer do que as que agem da forma contrária.

Trabalhar a performance profissional, cultural e a aparência é o melhor caminho, mas não é tudo. Para ampliar as chances de sucesso é preciso completar os esforços com uma *networking* competente. Para isso, a assertividade é uma bênção, porque facilita o relacionamento e não deixa dúvidas sobre o que se pensa ou espera.

ERRAR NÃO PODE SER UM HÁBITO

Alguns passam a vida explicando por que chegaram atrasados, perderam um papel importante, deixaram de responder a um cliente, não entregaram o que deviam ou por que uma determinada coisa sob sua responsabilidade saiu errada.

Tem até quem erre tantas vezes e de um tal jeito, que parece ter sido proposital. Então, vem o chefe e dá aquele puxão de orelha. Com cara infeliz, o profissional ouve, reconhece a falha e, no dia seguinte, erra novamente. Uma rotina que gera gasto de energia e atrasos.

Explicar depois de fazer errado pode ser um hábito que precisa ser combatido. Procurar dar o melhor de si e agir acertadamente logo na primeira vez é uma competência necessária para o mundo atual, e precisa ser trabalhada. Fazer errado leva ao retrabalho, perda de produtividade e, naturalmente, impacta de alguma forma negativa na atuação do profissional e da organização.

Mesmo que não fique claro onde e como o erro compromete, está claro que ele obriga a um gasto maior de energia. Empresas e pessoas que se consideram globalizadas e desejam manter o pé no primeiro mundo não podem se permitir errar ou, como é comum, administrar os erros de seus funcionários.

Uma passagem do livro *Brasil globalizado*[1] é conveniente para refletir a propósito da insistência de alguns em acreditar que errar é passível de compreensão e desculpas: "O Brasil é um país que parece, por vezes, hesitar em assumir sua condição de adulto. Aspira a ser reconhecido pelos outros como líder, mas frequentemente se nega a arcar com os custos disso".

Não é preciso esforço para entender que, para sermos competentes, é necessário acabar com essa história de que "errar é humano". Porque errar é, na maioria das vezes, simplesmente um hábito ruim, descaso, falta de responsabilidade ou infantilidade do profissional.

Já imaginou um avião em que o piloto é partidário desta teoria, ou uma montadora cujo presidente pensa desta forma? Isto, para não falar dos que constroem uma estação espacial. Se errar fosse humano, melhor seria nem pensar.

---

[1] GIAMBIAGI, Fábio, Barros, de Otávio. *Brasil globalizado:* o Brasil em um mundo surpreendente. Rio de Janeiro. Elsevier. 2008. p. VII.

O DESAFIO DE PARECER SEMPRE BEM

Quem já passou a noite trabalhando para entregar um relatório sabe o quanto é difícil o *day after*.

Embora isso não seja constante, é preciso lembrar que, no dia seguinte, ninguém perdoa uma aparência desanimada.

Como a memória dos colegas e dos chefes não é lá muito boa, é bem provável que ninguém se lembre de que a noite anterior foi passada na luta. Pensando nisso, antes de entregar o resultado do trabalho, é bom dar um pulo em casa, tomar um merecido banho, colocar uma roupa limpa, passar perfume e escovar os dentes.

Por que isso é fundamental? As empresas querem que seus executivos passem a imagem de pessoas que superam as inconveniências físicas e, apesar das circunstâncias, estejam sempre aptos a assumir os desafios. Mundo globalizado é isto: o que passou, passou.

ACEITE O ELOGIO

Há aqueles que ficam muito encabuladas quando recebem um elogio. Chegam a comentar: "Eu não fiz mais que a minha obrigação!" ou "Imagine, fiz o que tinha que ser feito!".

Quem age dessa forma comete uma grande injustiça contra si. Nos tempos que correm, os que dão efetivamente o melhor de si são pró-ativos e tentam realmente buscar a qualidade pessoal. Merecem também aceitar os elogios.

Ao se diminuir, verbalizando que não é merecedor do tal elogio, o profissional acaba se desvalorizando, em vez de parecer discreto.

Quando alguém fizer um comentário positivo, o certo é simplesmente responder: "Obrigado, eu fiz realmente o melhor que pude" ou "Valeu o reconhecimento, obrigado!".

COMECE O DIA COM UM SONORO "BOM-DIA!"

Começar o dia de trabalho cumprimentando aqueles que encontramos pelo caminho é uma vantagem competitiva. Por quê? Recebe-se de volta um monte de sorrisos, simpatias e bons-dias.

Seguramente, o acúmulo dessas gentilezas, além de fazer bem para a alma, deixa o ambiente favorável para as solicitações que se fizerem necessárias.

Para quem por acaso se levanta de "bode", só existe a opção de se "desembodear" e sair cumprimentando todo mundo.

Neste processo é importante cumprimentar também os que, em geral, não são alvo de atenção: porteiros, manobristas, ascensoristas e outros que, por acaso, estejam no trajeto até se chegar à mesa de trabalho.

A reação das pessoas é, de modo geral, positiva, e acaba contaminando o ambiente de trabalho e o dia de quem age dessa forma.

A título de comprovação, experimente sentar-se em uma mesa de frente para a porta de entrada num lugar movimentado. Para cada um que entrar, dê um grande sorriso e balance a cabeça suavemente, como se o estivesse cumprimentando. Pode parecer piada, mas quem entra devolve o sorriso e o cumprimento com a mesma intensidade.

CAPÍTULO 4
DETALHES QUE AJUDAM A TER UMA VISÃO MAIS AMPLA DO MUNDO

NÓS ADORAMOS OS SUPER-HERÓIS

Neste mundo de imagens que apresentam apenas seres humanos *poderosos*, acreditar ser especial aparentemente abre muitas portas. Pelo menos, é nisto que a maioria acredita. A normalidade perdeu completamente o valor, e não é desejada por ninguém em nenhuma circunstância.

Nas empresas, do chefe ao estagiário, a necessidade de se mostrar melhor, capaz e poderoso leva cada um dos seus integrantes a um título de aspirantes ao "Olimpo" corporativo.

Um lugar só para os que *fazem* sucesso. No "Olimpo" corporativo, as histórias são de executivos e empresários que nunca se cansam, abandonaram a família em prol da coletividade, não têm tempo para nada, mas, mesmo assim, adoram seus cargos e são evidentemente felizes.

Acredita-se que os que buscam ser os melhores *têm* a garantia de serem cultuados pelo que dizem e fazem. São os ídolos corporativos.

Embora possa parecer bobagem, é preocupante perceber que a maioria dos executivos inspira-se em imagens de sucesso, e não em modelos reais. Em momento algum fala-se sobre o sofrimento, desgaste e a luta pela qual esses homens e mulheres passaram para chegar tão longe.

Um exemplo de como os modelos são dissociados da realidade é o de um presidente de uma montadora francesa. Além de ser conhecido como extremamente agressivo nas suas atuações e comportamento, criou metas tão fora do padrão de normalidade que foi acusado de ter levado três funcionários ao suicídio por cansaço. Porém, quando é citado nas revistas, aparece enaltecido por sua surpreendente vitória nas vendas do produto e pela imagem de um dos executivos mais invejáveis do mundo.

Para os que creem nessas histórias sem discutir, a cautela no crédito do que leem e ouvem é sinal de prudência. De modo geral, o que é veiculado e contado traduz o desejo universal de ser bem-sucedido. Uma pesquisa recente revelou que 70% das pessoas que leem uma revista sobre histórias de homens e mulheres de sucesso começam a exibir, cinco minutos depois, sinais de tristeza.

Mesmo depois de crescidos, gostar de ouvir uma boa história de super-herói é um prazer para a alma, mas ao acreditar piamente nela corre-se o risco de perder de vista o caminho e a dimensão correta do que é chegar ao sucesso. E para quem aspira ao sucesso, imagens reais são mais vantajosas.

PRESTE ATENÇÃO NO QUE VOCÊ COMENTA SOBRE A SUA EMPRESA

Guardar segredo sobre as coisas ruins que vemos e ouvimos no dia a dia da empresa e dos funcionários nem sempre é fácil. Pensando bem, é tão difícil que os padres, advogados e psicólogos empenham a palavra num juramento sério para garantir o silêncio sobre o que acabam sabendo daqueles que os procuram.

Nas empresas, o jeito do chefe, as mentiras que alguns contam para os clientes e o que as pessoas fazem umas contra as outras em determinadas situações são tão graves e violentas que não poder compartilhar o que se sabe exige um esforço sobre-humano.

Mesmo assim, não é raro conversar com alguns que, ao falar, mostram tanto ódio pela empresa, chefe ou colegas, que só caberia uma pergunta: "Então por que você ainda está trabalhando lá?".

O fato é que cada um dos empregados tem a responsabilidade de salvaguardar a imagem da empresa para a qual trabalha desde o seu primeiro dia. Para isso, a forma como se veste, senta à mesa e come com os colegas e clientes, e até o que comenta, acabam somando ou não pontos para a organização e para eles próprios como profissionais.

Acreditar que um "comentariozinho" maldoso ou uma crítica construtiva feita em público não produzem efeito numa empresa de grande porte é minimizar o poder que cada indivíduo tem sobre os fatos.

Um exemplo do peso das palavras pode ser observado durante um julgamento, ocasião em que são ouvidos todos os que tiveram contato ao longo da vida, com quem está sendo julgado.

Desde os vizinhos até a diretora da escola e todos aqueles que orbitaram em torno da tal pessoa contam o que consideram como ponto positivo ou negativo. E o resultado colabora na decisão sobre o tamanho da pena.

Quem sempre tem uma palavrinha desabonadora sobre as coisas, caso precise de um depoimento favorável sobre sua pessoa, pode acabar sendo citado como: "Ele é uma boa pessoa, mas vive de mal com o mundo", "Sabe, o cara é meio chato, nada está bom" ou "Não gosto dele, vive criticando tudo".

Conclusão: ao fazer uma crítica ou um comentário maldoso sobre a empresa ou o trabalho, pense se, de fato, a crítica ou o comentário contribuem para melhorar as coisas.

NÃO PONHA A MÃO SEM AUTORIZAÇÃO DO PROPRIETÁRIO

Curiosidade é uma competência para ser cultivada. Até porque, quem não é curioso provavelmente não será criativo, interessante ou culto. Mas quem é muito curioso pode, dependendo da situação, se colocar na maior saia justa.

Sabendo que tudo o que se vê, pega ou ouve é informação, acaba sendo difícil para quem é curioso não dar atenção às coisas novas que aparecem, sejam elas quais forem.

Daí, pessoas que perguntam demais ou vivem pondo a mão naquilo que é dos outros acabam, muitas vezes, invadindo sem querer a privacidade alheia, e quem percebe isto acaba se fechando em copas.

Quando o assunto é profissional, esse hábito pode custar caro, porque no espaço de trabalho cada objeto que está exposto é informação sobre a pessoa.

Neste caso, se o curioso for um bom analista, pode, através do que vê, saber muita coisa a respeito do profissional com quem está se relacionando, mesmo que ele não queira. Só com o olhar é possível saber se a pessoa tem família ou não, se é cheia das manias, se é desorganizada e quais são seus gostos.

A maioria dos profissionais não se dá conta disso, mas percebe, por instinto, que, além de estar invadindo sua privacidade, comprometendo-a, o curioso também está tendo acesso a mais informações do que o esperado.

Desta forma, passa a ser arriscado sair pegando as coisas que estão expostas, por exemplo, sobre a mesa de trabalho. A sensação de invasão pode acontecer até se uma simples caixa de fósforos for tocada.

Por isso, os curiosos de carteirinha precisam ficar atentos, uma vez que ultrapassar os limites pode causar a perda de um bom relacionamento ou até de um negócio.

Mesmo parecendo coisa de louco, é melhor ser precavido tanto na vida social como na profissional, pois não é possível saber como as pessoas pensam.

No caso de uma vontade incontrolável de pegar, por exemplo, a foto da família que está sobre a mesa, é melhor perguntar antes: "Posso ver?".

Caso a pessoa titubeie ou fique constrangida, é só emendar, sem encostar no objeto: "Parabéns, família linda!", e seguir em frente como se nunca tivesse falado nada. Só não ponha a mão em nada sem antes ser autorizado.

AO SE RELACIONAR, LEMBRE-SE DE QUE NÃO SOMOS TODOS IGUAIS

Mágoas, mal-entendidos e rancores são comuns nos relacionamentos. De modo geral, boa parte desses sentimentos acontece por se acreditar que todos têm a mesma forma de pensar e encarar a vida.

Por mais banal que isso possa parecer, a maioria esquece que as diferenças de personalidade, pontos de vistas e crenças são fatores que marcam o tom das relações.

Um exemplo típico são as dificuldades de interação entre sogros, genros e noras. Os primeiros costumam ter *certeza* sobre qual seria a melhor conduta para os pares de seus filhos, e o mesmo se pode dizer dos agregados em relação aos sogros.

A avaliação dos funcionários sobre a empresa e a direção segue a mesma regra; portanto, raramente é boa.

O mais intrigante é pensar como é que, sendo tão diferentes uns dos outros, ainda assim conseguimos conviver com certa harmonia.

Mas será que os relacionamentos difíceis não acontecem também em função de como nos comportamos com os outros?

Para conviver bem, é preciso mais do que aceitar o destino das nossas relações, é necessário tomar para si a responsabilidade de se dar bem com quem interagimos e de ponderar sobre as diferenças.

Acreditar que é possível fazer e querer o outro à nossa imagem e semelhança é pensar-se com um poder maior do que é apropriado. Já imaginou cada um sendo exatamente o que a mãe desejou, o que o parceiro queria que fosse, o que os filhos gostariam, o que o chefe espera que seja? É para se questionar: e a pessoa, quem seria ela?

CARRO: A BOLHA QUE NOS ISOLA

Bonito e do ano, velho ou todo batido. Tanto faz! O carro serve como refúgio e escudo protetor quando saímos de casa com ele.

Há gente que age como se estivesse num karaokê e aproveita a música do rádio para ensaiar mentalmente uns passinhos de dança. Há aqueles que transformam o carro em arquivo, armário e até depósito de mantimentos.

O carro é uma extensão do que existe de mais privado em nós. Agimos nele como se estivéssemos em nosso quarto e ninguém pudesse nos ver. Por isso, tanta gente *limpa* o nariz, tira cravo do rosto e faz coisas inimagináveis em seu interior.

Lembra do ator Hugh Grant? Aquele de *Quatro casamentos e um funeral*, que foi pego estacionado numa rua de Los Angeles em companhia duvidosa? Pois é, ele achou que estava num quarto de motel!

Funciona como se estivéssemos dentro de uma bolha que nos isola do mundo e, nela, nada pode nos atingir. O carro é considerado excelente lugar para romances proibidos, conversas sigilosas e trocas escusas.

Há gente que faz "das tripas o coração" e aposta todas as suas economias num carro bonito. Os homens, principalmente, fazem dele um símbolo sexual, numa associação com seus "dotes".

Fazer sexo no carro, apesar de desconfortável, é considerado muito erótico. Mesmo sem estatísticas, é sabido que boa parte dos adultos teve algum tipo de experiência sexual no carro.

Nele, os agressivos se sentem como num tanque de guerra e estão sempre prontos para destruir tudo que aparece pela frente. Já os mais tranquilos se esquecem da vida, agindo como se fossem os donos da rua.

Quando estamos na nossa "bolha móvel", nos esquecemos dos outros. Consideramo-nos anônimos. Por isso, muitos acreditam que podem tudo, até ser sem educação.

Com o aumento do número de carros nas ruas, é importante que se entenda que ter um carro exige mais do que só pagar as despesas; é preciso seguir regras que respeitem os outros, sejam pedestres ou não.

Para lembrar como seria melhor agir na sua "bolha móvel", veja estas sugestões:

- Não feche outro carro. Isto é agressividade barata. Antes de ter um acesso de raiva, respire, pense nas coisas boas que você tem na vida.
- Seja elegante e dê passagem, você só vai perder uma fração de segundo do seu dia.
- Fique calmo se perder a vaga do estacionamento para algum espertinho. Quem faz isto faz coisa pior.
- Não xingue ou faça gestos obscenos. Apesar de você estar na sua "bolha móvel", está se expondo a um revide violento.
- Não saia para bater boca, mesmo que alguém tenha batido no seu carro. Se você tem seguro, ótimo. Caso contrário, tenha calma. Se o condutor do outro carro estiver nervoso, fale com calma, escolhendo bem as palavras.
- Não buzine à toa. Sua impaciência pode incomodar muito os que estão ao seu redor.
- Mantenha sua "bolha móvel" sempre limpa. Você não sabe para quem pode ter de dar carona.
- Procure não ouvir os noticiários se estiver num congestionamento. As notícias, em geral, são ruins e só servem para deixá-lo mais angustiado.

É NA MESA DE JOGO QUE SE CONHECE O CARÁTER DAS PESSOAS

Poucas coisas são tão agradáveis quanto um joguinho com os amigos. Mas quem é que nunca ouviu a frase: "É na mesa de jogo que se conhece o caráter das pessoas"?

Pois é, aqueles que tentam passar a perna na contagem, olham as cartas antes de comprar ou ficam muito bravos quando os parceiros comem bola podem ser vistos como pessoas sem ética ou mal-educadas.

A imagem de espertalhão, aproveitador ou ranzinza não traz benefícios para os relacionamentos. Ao contrário, além de ficar malfalado, os parceiros só o aturam enquanto não conseguem companheiros mais agradáveis.

TODO CUIDADO É POUCO QUANDO O ASSUNTO É A VIRTUALIDADE

Num primeiro olhar, o aparecimento da Internet fez o mundo ficar bem pequenininho. Com um clique do *mouse*, é possível enviar um *oi* para alguém que está a milhares de quilômetros de distância.

Saudades, só se for da presença física, porque a conversa pela *web* rola solta, sem custo e sem tempo para acabar. Da imagem nem se fala, a telinha mostra tudo. De corpos alucinantes a receitinhas para beliscar. Essa é a maravilha da virtualidade!

Há gente que se casa ou faz sexo virtual pela *web* e passa o dia conversando, mesmo no trabalho.

Enquanto as possibilidades de interação entre as pessoas aumentam a cada dia, os cuidados com a educação e as formalidades diminuem na mesma intensidade.

Para as empresas, o dia a dia virou um inferno. Ao mesmo tempo em que a Internet ampliou suas fronteiras de mercado, criou um exército de incautos e alucinados que passam boa parte do dia na rede.

O tempo de trabalho e o tempo de descanso ficaram tão confusos que ninguém mais entende quando se trata de um ou de outro. E as conversas escritas ou faladas através deste canal perderam o freio.

O fato é que o uso incorreto deste meio de comunicação pode causar profundos estragos em empresas e funcionários pouco cautelosos. A atenção e o cuidado com o uso das palavras, com o que se fala e se torna público ainda são o mais aconselhável.

Para colaborar com a prudência, seguem algumas observações em relação ao uso deste meio de comunicação:

- Pense antes de responder aos *e-mails*. Com a velocidade, corre-se o risco de escrever o que não deve, e depois vem o arrependimento.
- Leia o que foi escrito pelo menos duas vezes antes de enviar; assim, é possível descobrir falhas, baixar a raiva sentida naquele momento ou corrigir erros de ortografia.
- NÃO ESCREVA SEUS *E-MAILS* EM CAIXA ALTA. É o mesmo que gritar. Diga-se o mesmo para excessos de símbolos, "entendeu????!!!".
- Junte os assuntos para não ficar pingando "*e-mailzinhos*" com mensagens para os outros, e evite usar a lista de endereços para enviar piadinhas ou correntes.
- Tenha cuidado, pois tanto faz o suporte de comunicação usado: o que é falado, escrito ou conversado pode cair em domínio público. Ou seja, bobeou, dançou. O papo, a foto ou o comentário gravado pode ser disponibilizado para o mundo.
- Seja ético na *web*. Ser ético não é fazer papel de bobo ou estar acima do bem e do mal. É lembrar que esta maravilha de ferramenta de comunicação tem mesmo o poder de destruir uma pessoa.

Uma frase de Mitch Ratliffe, famoso jornalista americano, serve para reforçar o que foi dito: "Um computador permite que você cometa erros mais rapidamente que qualquer outra invenção da história da humanidade – com as possíveis exceções do revólver e da tequila".

O USO DE DROGAS NA *SECOND LIFE*

Num primeiro olhar, a vida na *Second Life* (ambiente que simula a vida real e social do ser humano) ganhou contornos mais arrojados com a liberação do uso de drogas e medicamentos nas festas virtuais. Talvez essa abertura não deva ser tão comemorada e muito menos usada sem restrições.

Recebida como um passo para a diminuição no uso de drogas na vida real, a ideia de permitir seu uso na virtualidade, além de duvidosa, representa um risco para a imagem das pessoas cujos avatares (representação gráfica assumida no mundo virtual) se expõem a essas experiências.

De modo geral, os usuários de drogas e medicamentos costumam se manter discretos no mundo real. Já a entrega dos avatares ao uso de alucinógenos nas *raves* e festas virtuais, segundo algumas empresas, permite que se saiba a que tipo de situação um funcionário tende a se envolver.

Se as empresas já estão de olho no tipo de roupa dos avatares de seus funcionários, o que dirão sobre o uso de drogas na virtualidade? É preciso que se entenda que o avatar é a extensão de um ser humano, de alguém que é real e do qual recebe qualidades, atitudes e comportamentos originados também da realidade.

Mesmo não sendo verdade, as empresas entendem que os avatares que se lançam a experiências alucinógenas correspondem a funcionários com este mesmo tipo de comportamento na vida real.

Verdade ou não, a prudência é a melhor atitude para o uso da *Second Life*. Aqueles que estão vinculados a empresas ou nelas pretendem se engajar na vida real devem manter, na virtualidade, uma vida sem grandes exotismos. Entender que a privacidade deve se estender à *Second Life*, por exemplo, é uma questão de sabedoria.

Num mundo onde as ferramentas de comunicação permitem acesso à vida dos indivíduos e onde eles próprios disponibilizam fatos particulares, todo cuidado passa a ser sinal de inteligência.

Preste muita atenção:

- O personagem na *Second Life* é uma extensão de quem o comanda. Não é preciso criar um *nerd*, mas os hábitos do avatar devem ser próximos aos do usuário na vida real.
- Não é prudente surpreender, inovar ou "soltar a franga" sem refletir sobre as consequências dessa exposição.
- A consideração de que o uso de drogas e medicamentos que causam alucinações, mesmo na virtualidade, ainda é tabu deve ser levada em conta. Agir contra

a corrente, para quem está ou pretende entrar no mercado de trabalho, pode não ser adequado.
- Num mundo onde comportamentos e atitudes são avaliados como bons ou maus, ter um comportamento que choca pode criar uma imagem de um ser humano desajustado ou estranho.
- Embora possa parecer inofensivo para a imagem pessoal, encontrar um professor, um pai, uma mãe de família ou uma moça tímida entregues às drogas na virtualidade provoca um desajuste na percepção de quem vê as imagens. Como ninguém é muito bonzinho, a pessoa pode até ficar malfalada.

ESCREVEU O NOME ERRADO, O PAU COMEU

Numa das etapas do programa de televisão *O Aprendiz*, um candidato foi eliminado por ter escrito o sobrenome do apresentador Roberto Justus de forma errada. O rapaz escreveu "Justos" e foi demitido.

Esse episódio serve de lição para todos nós, pois escrever o nome de alguém de forma errada evidencia falta de cuidado ou interesse.

Quando um nome é difícil, deve-se pedir para ser soletrado, se necessário várias vezes, até que se tenha certeza da forma correta de escrevê-lo.

FOFOCA: "ONDE HÁ FUMAÇA NEM SEMPRE EXISTE FOGO"

Há momentos nos relacionamentos socioprofissionais em que é preciso contar até três para não perder a calma e armar o maior "barraco". Um desses momentos acontece quando surge uma fofoca maldosa.

Ninguém sabe dizer ao certo quem foi que começou dizendo que... ele fez... Mas logo os colegas olham torto e o zum-zum-zum acaba ganhando corpo.

De uma hora para outra, todas as coisas boas que a pessoa fez na vida são esquecidas e os detalhes maldosos conspiram para aumentar o falatório. Todos dão sua opinião, mas ninguém vai a fundo para saber se o que se ouviu é verdade ou não.

Quem curte uma fofoca precisa disso para mostrar que é importante e sabe das coisas. Já quem ouve a fofoca se sente especial, porque só se compartilha um segredo com quem é íntimo.

A fofoca é geralmente montada usando-se fatos que nada têm a ver com a realidade, mas se encaixam com perfeição ao que está sendo contado.

A história de que onde há fumaça há fogo em geral é bobagem, porque qualquer um pode ter sua história contada de várias maneiras, e o jeito negativo é uma delas.

O triste é que a fofoca, além de ser geralmente motivada por inveja, é uma arma poderosa para minar relacionamentos e diminuir a autoestima de quem é vítima dela.

O importante é nunca embarcar numa furada e colaborar para dar corpo a comentários que podem atrapalhar a vida de alguém.

Existe um provérbio espanhol que diz: "Quem quer que fofoque para você irá fofocar sobre você".

FALAR O QUE SE PENSA TEM LIMITES

Existe uma grande diferença entre ser honesto e *falar o que pensa*.

Ser honesto com relação a dinheiro e trabalho é esperado e bom. Agora, ser honesto sobre o que se pensa a respeito de uma determinada pessoa tem grandes chances de parecer agressivo, despropositado e desagradável.

Sair dizendo que fulano come demais, está gordo, não tem gosto, é burro, devia fazer isso ou aquilo, é pretensioso e muito deselegante. Até porque determinadas considerações não levam a lugar algum.

De modo geral, aqueles que falam o que pensam passam por pretensiosos e acabam antipatizados. Por prudência, tanto na vida profissional como na social, o que pensamos sobre os outros deve, na maioria das vezes, permanecer em segredo.

É bom lembrar que cada um tem a sua verdade!

NÃO SABE SOBRE O QUE CONVERSAR? USE A TEORIA DO MARTELO

Mesmo não conhecendo a Teoria do Martelo por este nome, é certo que você já ouviu alguém usar esse recurso para ter assunto numa conversa.

É mais ou menos assim: você conhece um especialista em café e o assunto que está sendo falado é marca-passo. Não dá outra, na primeira oportunidade a conversa vai seguir para o benefício do café na "implantação do marca-passo".

Mesmo que o assunto seja a importância da água oxigenada no clareamento do cabelo de perua, o papo vai se virar para a borra do café e a satisfação gustativa da Barbie, boneca símbolo da perua.

Compreendeu como funciona? Caso você saiba muito sobre um determinado assunto e não tenha o que falar, é só passar a incluir o tema conhecido na conversa. Desta forma, passa sempre a ideia de grande entendido no tema.

Para quem não sabe, o café serve para conversas sobre a bolsa de valores, a alfaiataria no Brasil, a competência do estudante brasileiro, a pesca submarina, a implantação do fio dental nas praias brasileiras, e por aí vai.

Só é preciso criatividade para adaptar sua especialidade à conversa. Competência social é adaptar conhecimento a situações e ambientes. O silêncio, muitas vezes, pode demonstrar desconhecimento, antipatia ou falta de interesse. Mas não exagere num comportamento contrário, senão pode acontecer como certa vez, na casa de amigos, quando um homem inteligentíssimo e com conversa cheia de humor e malícia virou o centro das atenções. E se transformou no homem de uma história só.

O sujeito simplesmente calou a plateia com histórias que oscilavam entre o humor absurdo e o absolutamente racional.

Durante quatro horas, os presentes tiveram um *show* sobre como usar a fala para entreter e encantar. Para se ter uma ideia, meses depois, alguns ainda lamentavam não ter acontecido mais nenhum evento tão prazeroso.

Evidentemente, quando surgiu o convite para um novo jantar em que o tal homem estaria presente, ninguém rejeitou. Estavam todos ávidos por mais um grande momento. Na noite não houve atrasos, era clara a expectativa de outra grande reunião.

Mas de fato o que aconteceu foi uma enorme decepção! A memória do fulano era tão incrível que as histórias se sucederam praticamente na mesma sequência do encontro anterior.

O tom de voz, as pausas e a eloquência em nada haviam mudado. Não é preciso dizer que foi uma chatice. Mas o grupo achou por bem perdoar. Afinal, não é todo dia que as pessoas são geniais.

Houve, então, uma terceira vez, igual à primeira, pobre como a segunda, e triste, porque ficou evidente a falta de originalidade e capacidade do tal homem em usar o conhecimento para construir novas histórias.

Analisando o episódio, fica claro que quem não lê, não ouve e não se interessa por novidades, mesmo sendo um grande orador, vira um homem de uma história só.

Conclusão: preste muita atenção em quantas vezes você repete a mesma história, a mesma piada ou a mesma risada. A maioria se preocupa muito em não repetir as roupas e se esquece de fazer o mesmo com o que fala ou o que conta.

OS MESMOS AMIGOS SEMPRE? NÃO É BOM

A vida moderna exige competência para interagir com pessoas de pensamentos, origens e possibilidades diferentes. Por isso, frequentar sempre os mesmos amigos desobriga que se busquem novos assuntos e interesses.

Afinal, com os companheiros de todos os dias, a sensação é de estar em família. Na maioria das vezes, a sintonia com quem nos é próximo é tanta que, quando um fala, o outro praticamente adivinha o que vai ser comentado.

Andar sempre com os mesmos amigos é muito bom, mas quando não se deixa a zona de conforto nem se dispõe a interações com outros que nos são estranhos, deixa-se de ter flexibilidade e competência para se sair bem em outras situações.

Uma boa estratégia para treinar competência social é encarar os finais de semana como oportunidades para entrar em contato com quem se tinha muita coisa em comum mas a vida separou, ou com quem se conhece, mas nunca houve oportunidade de aprofundar relações.

Fugir da mesmice é importante para a criatividade, senso de adaptação e, com certeza, para ampliar o grupo de conhecidos e amigos.

PARA CONVERSAR É PRECISO TER COMPETÊNCIA

Numa palestra, uma moça simpática perguntou: "Por que é que ninguém mais sabe conversar?".

Pergunta intrigante. Afinal, era uma palestra sobre o peso das emoções no ambiente de trabalho e, mesmo assim, ela *ousou* fugir totalmente do tema.

Pensando bem, ela tem toda razão para questionar. Afinal, é preciso ser sensível e estar emocionalmente disponível para perceber essa falha nos relacionamentos de hoje.

Ao reparar nas mesas dos bares e restaurantes, não é raro notar que não são muitos os que estão de fato conversando. Em geral, há muita gente falando alto para tentar se fazer ouvir, mas, trocando ideias, são poucos.

Nesses encontros, ninguém parece de fato muito entretido com o outro. Lembram personagens de cinema mudo, todos parecem agitados, com muito sorriso nos lábios, e só.

Conversar não é simplesmente contar para o outro como foi o dia, as agruras do trabalho ou o capítulo da novela. Conversar exige empenho e competência, supõe disposição para ouvir, dar importância ao que foi dito, e só depois verbalizar o que se pensa sobre aquele assunto.

Além disso, é preciso ter um repertório grande de informações para que a conversa nunca acabe. E a melhor maneira de fazer isso é buscar informações em várias fontes: livros, teatro, palestras, cinema, amigos etc.

Saber conversar é uma atividade tão séria na vida socioprofissional, que as mais importantes universidades americanas incluíram nos seus currículos acadêmicos uma matéria voltada para a área de conhecimentos gerais.

Hoje, entende-se que, para um profissional ter sucesso, ele deve poder falar, pelo menos um pouco, sobre vinhos, música, teatro, literatura, futebol e novela. Isto é o mínimo para se sair bem em qualquer situação.

O bom dessa história é que, para se ter um repertório variado de assuntos, basta começar a se informar. Para quem não tem ideia de como fazer isso, eis algumas sugestões:

- Obrigue-se a ler ou a ouvir pelo menos um jornal todos os dias. Não é necessário aprofundar-se nas notícias. Lendo as manchetes e os artigos mais importantes você estará apto a responder sobre qualquer assunto caso ele entre em pauta numa conversa.

- Procure saber sobre os livros que estão sendo lançados, se puder leia o resumo, já é o suficiente para não fazer papel de bobo se alguém resolver perguntar se você já leu o tal livro. Com isso, é possível responder: "Achei o tema bacana, é o próximo na minha cabeceira".
- Procure informar-se sobre os novos programas dos canais fechados e da TV aberta; em geral, isto é suficiente para propor muito papo.
- Vá ao cinema, mas não assista só a filmes do circuito *blockbuster*. Aprenda a gostar da *sétima arte*, mas lembre-se de que é preciso ter um pouquinho de paciência, pois esses filmes são mais lentos e sem os tais efeitos especiais.
- Frequente *vernissages*, visite museus e, se tiver grana, vá ao teatro. Não importa a ordem, mudar o repertório de programas pode ser uma boa.

Para encerrar: como conversar é uma arte que precisa ser desfrutada com tranquilidade, trocar os barzinhos barulhentos por locais aconchegantes e com cadeiras confortáveis é o início de uma boa conversa, que, algumas vezes, pode levar horas.

UMA HISTÓRIA VERDADEIRA

Num jantar de negócios, depois de um dia inteiro de trabalho intenso, cansados e distantes de suas famílias, cinco homens acreditavam que estavam destinados a mais uma noite para lá de chata.

No início, pareciam sentir certo desconforto sobre o que conversar. Afinal de contas, a única coisa que todos acreditavam ter em comum era o fato de trabalharem na mesma empresa.

Começar a primeira rodada de conversa sem ter de falar de trabalho parecia meio complicado. Mas, com o tempo, apesar de parecerem vindos de mundos aparentemente distantes, os cinco executivos descobriram que, entre eles, havia muita coisa para compartilhar.

Primeiro, conversaram sobre o que comer, passando por sugestivas indicações sobre os melhores pratos, vinhos e restaurantes com que cada um tinha mais afinidade.

Depois o papo seguiu para o que todos tinham de fato em comum, uma família, filhos, empregada e muita história engraçada, o que deixou a conversa deliciosa. E, apesar de um início caprichoso e tímido, se não fosse o adiantado da hora e o sono, a garantia de quem participou do jantar é que teria sido um papo sem fim.

Da noite, todos levaram a lição de que para uma boa conversa é preciso:

- Disposição para compartilhar ideias.
- Total falta de agressividade.
- Fazer troça de si mesmo.
- Assuntos variados e pertinentes com o momento.

- Muita disposição para ouvir.
- Humor.

Para uma noite agradável é preciso apenas ter competência para descobrir o que, além de trabalho, as pessoas podem ter em comum.

SERÁ QUE ESTÁ CORRETO O QUE VOCÊ OUVIU?

Sabe aquele ditado que diz que quem conta um conto aumenta um ponto? Pura verdade, tanto quando se fala como quando se escuta alguém falando de alguma coisa.

Muitas vezes colocamos, no ato de escutar, nossas experiências e vivências para que possamos entender a pessoa que fala. Logo, tudo que ouvimos passa por um filtro particular, que dá ao que é contado uma interpretação só nossa.

O que pode parecer um processo muito simples, na verdade é, na maioria das vezes, gerador de grande perturbação e incompreensão sobre o que foi comunicado.

Por exemplo, quando um subalterno fala para o chefe que ainda não conseguiu completar uma determinada tarefa, quem ouve vai entender o que foi falado da pior forma, caso tenha tido uma sequência de experiências ruins relacionadas ao mesmo fato.

Ao contrário, caso tenha tido só experiências positivas, a escuta do que foi falado passa a ser outra e, naturalmente, positiva, pois o fato de não ter completado a tarefa não significa que o responsável deixará de realizá-la a tempo.

Ao ouvir o que alguém fala, seja algo positivo ou negativo, não podemos deixar de nos questionarmos se o que entendemos do que foi falado é mesmo real. Ou seja, se foi mesmo o que o falante tentou dizer.

Adotar esta postura pode ajudar muito, tanto na vida profissional quanto na pessoal. Questionar se estamos ouvindo corretamente o que está sendo dito diminui a possibilidade de injustiças e mal-entendidos.

Para os que costumam ser "Poliana", ou seja, os que veem tudo mais azul do que de fato é, esta postura também ajuda, na medida em que a fala do outro pode ser readaptada para a realidade de quem falou, e não para a de quem ouviu.

Por isso, quando ouvir alguma coisa de que não gostou, é melhor, antes de odiar até a morte aquele que falou, pensar na possibilidade de ter entendido errado o que foi falado. Caso a dúvida persista, dê-lhe mais uma chance, perguntando: "Quando você falou 'aquilo' eu entendi corretamente?".

Lembre-se: se a comunicação humana fosse uma coisa simples, a vida no planeta seria bem mais fácil.

TOME UMA ATITUDE E TORNE A VIDA MAIS INTERESSANTE

Você já deve ter se perguntado a razão de alguns serem considerados vitoriosos enquanto outros aparentemente nunca saem do lugar.

Há aqueles que, mesmo depois de certa idade, continuam intelectualmente ativos, cercados por seres inteligentes e participando de projetos interessantes. Têm sempre uma novidade para contar e uma meta para ser alcançada.

Esse comportamento não tem nada a ver com ganhar dinheiro. Até porque dinheiro é importante, mas não serve como referência sobre pessoas interessantes ou de sucesso.

O que faz a diferença entre uns e outros é a *atitude*. Ou seja, a forma como eles encaram os desafios que lhes são apresentados.

Alguns aceitam pacificamente o que os eventos impõem e deixam a vida seguir ao sabor dos acontecimentos, uma hora está tudo bem, outra não. Outros têm *atitude*, persistem na luta e desafiam o "tal" do destino.

E sabe o que mais? Vencem, porque tomam para si o leme de sua vida, em vez de se deixar levar ao sabor dos eventos.

Para quem ficou curioso sobre como fazê-lo, seguem algumas sugestões:

- Acreditar que dá para mudar mesmo nas situações ruins. É sempre bom pensar que existe uma saída. Os que têm atitude agem desta forma com relação ao trabalho, dinheiro, amor, amizade etc.
- Acreditar que as coisas não são imutáveis e é possível tomar para si o controle da vida. Desta forma, o impacto do inesperado é menor.
- Choramingar que tudo é difícil, que foi enganado, que não é respeitado e que nada dá certo traz menos possibilidade de alcançar o sucesso do que lutar para mudar o universo ao redor.
- Fazer as coisas acontecerem é ser pró-ativo. Em vez de ficar sentado, esperando alguém decidir o que fazer, use o método LDC.[1] Uma ideia para quem não sabe por onde começar: dar uma checada nas promessas que foram feitas e verificar o que foi iniciado.
- Fazer mais do que os outros esperam, seja na empresa, seja na família, ou, ainda, na sua vida em geral, ajuda bastante. Aqueles que percebem que você fez muito, sem esperar nada em troca, tendem a ser mais simpáticos.
- Sair da zona de conforto favorece a luta por um projeto que está na cabeça há muito tempo. Não ter preguiça de arregaçar as mangas é uma competência bem-vista.
- Ter força para tomar aquela decisão que pode mudar tudo. Se deixar o tempo passar, vai ser cada vez mais difícil reunir coragem.
- Não permitir que os outros tomem resoluções por você. Ouvir os que têm mais experiência e procurar conselhos é muito bom, mas, na hora de realmente tomar uma decisão, é preciso não ter medo de assumir os riscos.

---

[1] Levante-se da cadeira.

VIDA ENTEDIANTE TEM JEITO

Se existe uma coisa chata é encontrar alguém entediado. Para este, nada representa surpresa, comove ou alegra.

O entediado, além de se mostrar sem vida, parece entregue à sua própria miséria. A verdade é que conviver com ele, mesmo quando querido, é sempre difícil.

Quem por acaso estiver se sentindo desanimado pode encontrar uma saída, buscando, dentro de si, aquilo que pode ajudar na mudança dessa sensação.

É comum, ao longo da vida, esquecer quem somos e o que de fato nos atrai e motiva. Vamos abrindo mão dos nossos interesses lentamente para nos adaptarmos ao que a família, a empresa e os amigos esperam de nós. Deixamos de lado nossos sonhos e, muitas vezes, nossas verdadeiras aptidões.

O momento em que nos sentimos de "bode com a vida" é ótimo para dar um "rolê" em tudo e mudar. Pode parecer muito difícil num primeiro instante, mas vale a pena.

VOCÊ TEM QUALIDADE?

Está aí uma pergunta que poucos se fazem. Primeiro, porque é complicado estabelecer um critério com o distanciamento necessário para o resultado ser confiável.

Para qualquer um, é mais fácil falar sobre os erros e incidentes ocorridos com produtos e serviços ou os erros cometidos por pessoas próximas do que falar sobre seus próprios deslizes.

Imaginando que o que se busque seja a qualidade como profissional, a sugestão é usar de alguns artifícios para criar um sistema que identifique qualidade e possa ser aplicado na vida pessoal.

O importante é pensar nos critérios de que você faria uso para definir o que faz alguém ser, aos seus olhos, melhor e mais interessante do que outro.

Pense e responda: o que seria, para você, inaceitável, indispensável e surpreendente nesse alguém? Para cada item, dê nota de zero a dez.

Feito isso, aplique o mesmo critério em você e, em seguida, compare os resultados. Os itens em que obteve nota baixa são aqueles aos quais você precisa dar mais atenção para ter mais qualidade.

Para melhorar como ser humano, o importante é ter muita vontade e disposição para mudar. Mesmo não sendo fácil, este é um diferencial competitivo no mundo globalizado.

RESPEITE AS CONVICÇÕES POLÍTICAS DOS OUTROS

Em tempos de disputa eleitoral, momento em que os ânimos políticos estão bastante exaltados, é bom pensar em etiqueta e política.

Nessa época, é comum a abordagem de distribuidores de "santinhos", a enxurrada de e-mails com sugestões de candidatos, obrigando-nos, muitas vezes, a ler e a ouvir a respeito das escolhas partidárias do remetente.

Não é novidade que o exercício da cidadania é coisa séria e começa por se conhecer os partidos, os planos de governo e os candidatos, a fim de se escolher o melhor.

No regime democrático, o que se espera é o debate, as divergências de opinião e a disputa. Mas lembrando-se sempre de que o melhor para um pode não ser o melhor para o outro.

Acreditar que só desmerecendo um ou outro partido político ou candidato e agindo com agressividade somos capazes de fazer alguém mudar de opinião é infantilizar todo o processo eleitoral.

Fazer campanha sem entender que cada um, ao seu modo, escolhe o melhor, é menosprezar o direito de opção das pessoas.

Considerar que aquele que não se manifesta não tem consciência política é uma tolice que pode acabar numa grande falta de educação. Até porque, na hora de votar, todos devem estar sozinhos, sem ninguém para guiá-los. Nesse momento, a consciência e a responsabilidade é que são determinantes.

É claro que é um dever trabalhar para fazer valer as ideias em que acreditamos; nesta luta está o verdadeiro espírito democrático. Mas isso exige respeito ao outro, observação sobre a conveniência do momento e, principalmente, a percepção de reconhecer a hora de parar.

Algumas dicas para ajudar a fazer campanha sem ser indelicado:

- Antes de começar a defender um partido ou candidato, veja se o local é apropriado e se todos estão dispostos a ouvir e a discutir sobre o assunto.
- Ao ouvir algum comentário do tipo "Xiii... essa conversa vai longe", pense que talvez seja a hora de mudar de assunto.
- Antes de obrigar alguém a pegar o "santinho" do candidato, é bom perguntar se já tem em quem votar. Se a resposta for afirmativa, não é muito educado perguntar se tem certeza de que seu candidato é bom ou se não quer votar melhor.
- Use palavras conciliadoras, que despertem o interesse da pessoa, como: "O meu candidato também é muito bom..." ou "Se você mudar de ideia, eu garanto que essa sugestão é boa".
- No entusiasmo, é preciso cuidado para não ter o mesmo procedimento dos "chatos de galocha", aquelas pessoas insistentes, arrogantes, inconvenientes, que falam sem parar sobre a importância de sua escolha.

O espírito democrático deve prevalecer em qualquer circunstância. É bom ter sempre em mente que talvez seja melhor perder um voto do que um bom amigo!

SEJA UM MISTO DE FORMIGA E CIGARRA

Para quem não se lembra ou não conhece, a fábula da cigarra e da formiga ensina que passar a vida flauteando não leva a lugar algum.

A história conta que uma formiga dava um duro danado nos meses de verão, enquanto a cigarra só desfrutava a vida, e mais nada. No entanto, com a chegada do inverno, os papéis se inverteram e não deu outra: a formiga, que tanto "ralou", ficou só aproveitando, e a pobre cigarra levou a pior.

A fábula, como se viu, não deixa nenhuma dúvida sobre seu cunho educativo, mas... Será mesmo tudo isso uma verdade?

Pensando em competência social, quem é "caxias" e trabalha demais não tem tempo para se informar, perceber boas oportunidades ou conhecer novas pessoas. Isto para não falar que acaba implicando também a falta de tempo para pensar, conseguir articular novos projetos ou ter ideias arrojadas.

Na visão das empresas globalizadas, essa formiga não teria a menor chance de chegar a ser líder, uma vez que deixou de lado a construção de relacionamentos que poderiam ser preciosos, a chance de mostrar outros talentos além daquele de ser unicamente uma boa trabalhadora.

Na fábula, a formiga não fazia outra coisa a não ser trabalhar duro, enquanto a cigarra tinha habilidades hoje vistas como nada desprezíveis: cantava, tocava violão, procurava fazer novas amizades e ainda se divertia com o que sabia fazer.

La Fontaine, por ter vivido no século XVII, talvez tenha escrito a fábula deste modo. Afinal, as pessoas, por razões religiosas e sociais, tinham necessidade de acreditar que não havia nada além do trabalho.

Hoje, somos obrigados a buscar dentro de nós a diversidade. Os executivos, homens ou mulheres, precisam saber e ter muitas habilidades.

No mundo contemporâneo, até saber dançar e cantar pode ser a diferença para a tão sonhada promoção ou para não ficar estagnado para sempre numa baia de escritório.

A palavra de ordem é flexibilidade, curiosidade e disposição para tudo. Atualmente, é necessário não só "ralar" bastante, mas, como foi dito anteriormente, gostar também de estudar, cozinhar, fazer atividades físicas, entender de história, cinema e outros assuntos.

Ganha pontos quem for bom orador, piadista, contista, lobista, articulador e negociador. A única coisa que não soma é só ser um bom trabalhador.

O que fazer então? Aí vão algumas sugestões:

- ♦ Mantenha o interesse em todas as coisas. Conheça novas pessoas e, se possível, estreite laços com boa parte das que irão aparecer em sua vida. Quanto maior o número de relacionamentos, mais chances você terá de ser lembrado para um determinado posto, convidado para eventos ou ser ajudado numa hora de dificuldade.
- ♦ Seja curioso. Pessoas com esta característica, além de interessantes e interessadas, são apontadas como especiais. Quem não gosta de ter ao lado alguém com

boas histórias para contar? Quando se está totalmente aberto para aprender coisas diferentes, maior é a possibilidade de fazer conexões e ter novas e arrojadas ideias.

- Viva a vida em 360 graus. Executivos que só se dedicam ao universo corporativo perdem informações preciosas que surgem da família, dos amigos, do lazer e, naturalmente, do trabalho. Além disso, quem vive a vida nos seus 360 graus tem mais chance de ganhar dinheiro porque não tem pendências em nenhuma das áreas de atuação.
- Faça coisas que realmente lhe tragam prazer. Ter uma companhia só para não ficar sozinho, reciclar só porque a empresa exige ou trabalhar só porque é preciso torna o dia a dia muito chato.
- Tenha domínio sobre sua vida. Cada um é dono de sua própria história; nela os capítulos e o final dependem do enredo que se construiu. Quem decide se o desfecho será de drama ou de romance é só o autor.

O importante é mesclar a determinação da formiga com o modo alegre de ver a vida da cigarra. Lembrando, por via das dúvidas, de poupar dinheiro para os invernos.

O "FAZ-TUDO" DIFICILMENTE CRESCE NA EMPRESA

Uma amiga virou o "faz-tudo" da empresa. Só não lavou, passou e costurou porque ainda não lhe foi pedido.

Se perguntada sobre a sua função de fato, aquela da descrição de cargos, de modo geral o que está executando no momento não tem nada a ver com a função para a qual foi contratada.

Claro que é possível encarar isto de várias maneiras: flexibilidade, capacidade de improvisação ou "jogo de cintura". Mas, ao não executar as tarefas definidas para o cargo ou ampliá-las em demasia, ela corre o risco de acabar ficando com a imagem de incompetente. Isto porque, quando nos lançamos a fazer coisas para as quais não estamos preparados, corremos o risco de cometer erros e esquecimentos que podem comprometer o produto final.

Por exemplo, um especialista em marketing, por melhor e mais capaz que seja, não será, num primeiro momento, eficiente para liderar operários num chão de fábrica.

Claro que nem sempre é possível recusar uma ordem, mas ao aceitar todas, sem dúvida pode-se também prejudicar a subida de posto na empresa.

O "faz-tudo" dificilmente será lembrado para preencher uma função específica. Afinal de contas, ele "faz tudo"!

VOCÊ FINGE QUE FAZ, EU FINJO QUE ACREDITO

Embora seja difícil admitir, todos nós, vez ou outra, fazemos o jogo do "você finge que faz, eu finjo que acredito".

Fazemos isso sempre: com os filhos, companheiros, amigos e parceiros de trabalho. Muitos vão dizer que, quando sabem que tem coisa errada acontecendo, viram a mesa.

Mas será que isto é verdade? Será que estamos dispostos a ver tudo o que acontece?

Em determinadas circunstâncias, saber a verdade exige firmeza para encontrar uma solução, e é preciso disposição para agir contra o que se viu de errado.

Competência social é não se entregar às pessoas e às histórias sem pesar a validade e realidade do que é contado.

Por defesa, sobrevivência ou costume, falsear a verdade faz parte do ser humano. Assim, ponderar antes de acreditar em tudo, pode ser um bom negócio, seja em política, amizade, romance ou trabalho.

Embora a cegueira, em determinadas circunstâncias, possa parecer uma boa escolha, deve ser vista apenas como uma escolha.

O EXEMPLO VEM DE CIMA

Quem, neste mundo, já não teve a ligação cortada no tal "0800" enquanto reclamava de um serviço? A razão é simples.

Há algum tempo tivemos oportunidade de sentar ao lado do presidente de uma grande companhia de telefonia celular. Depois das apresentações de praxe, aparentemente interessado em melhorar o atendimento de seus clientes por parte dos funcionários, dito presidente pediu-nos que, no dia seguinte, entrássemos em contato com ele para agendar uma reunião.

Disse que sua empresa precisava aprender bom comportamento para com quem ligava solicitando um serviço. No dia seguinte, atendendo ao seu pedido, ligamos, mas ele ficou em reunião o dia todo.

No segundo dia também, e o mesmo no terceiro e no quarto. No final, só de brincadeira, passamos a ligar todos os dias durante dois meses. Sabe o que aconteceu? Ele nunca respondeu à chamada. Querido presidente: "o exemplo vem de cima!".

QUEM TEM O PODER PODE, MAS NÃO DEVE

Muito se fala sobre o que os americanos chamam de "*walk the talk*", ou seja, "dar o exemplo", ou "faça o que eu faço e não o que eu falo".

Pois bem, pessoas que têm poder porque estão ocupando cargos considerados importantes ou foram muito bem-sucedidas nos negócios devem se lembrar de que são observadas e imitadas o tempo todo.

Não é difícil perceber um assessor copiar os trejeitos do chefe ou a secretária vestir-se como as mulheres de nível hierárquico superior. Afinal, todo mundo gosta de copiar alguém que dá sinais claros de sucesso.

Mas nem sempre quem chega a desfrutar do sucesso percebe a extensão de suas ações e comportamentos negativos. Por exemplo, uma conduta de cunho ético duvidosa ou uma atitude destoante com o que a pessoa prega na organização podem colocar todo esforço de construção de imagem da "boa empresa para se fazer negócios" a perder. É fácil perceber como a figura de quem lidera fica frágil. Observe:

- Viajando a negócios com a equipe, o chefe vai de executiva ou primeira classe e o "resto do time" lá atrás, na econômica. Esta atitude fragiliza a imagem do chefe como líder e ainda compromete qualquer ideia de economia e espírito de equipe. Para os que consideram que viajar de primeira ou executiva é fundamental, deixe o grupo seguir num voo e pegue outro, muitas horas depois.
- O mesmo vale para a hospedagem em hotéis. Se o grupo é um time de fato, é melhor hospedar-se no mesmo hotel e no mesmo tipo de quarto. Precisa de mais luxo? Tenha a coragem de fazer um *upgrade* para todos, os subordinados agradecem. Não se preocupe se acontecer apenas uma vez; considere como um agrado aos acompanhantes. Mas, se for necessário dar exemplo de contenção de verbas, seja o primeiro a dá-lo. *Walk the talk*...
- Nos momentos de lazer, entre uma reunião e outra, no jantar sem o cliente presente ou no fim de semana fora, lembrar-se de parar de dar ordens é puro bom-senso. Mostre que de fato o grupo todo faz parte do "mesmo time".
- Quem tem muito poder consegue passar na frente na maioria dos lugares, tem autorização para furar filas e outras "cositas" mais, porque os bajuladores "de plantão" das companhias aéreas, restaurantes, lojas, hotéis etc. permitem. Para melhorar a imagem, é prudente não se deixar levar pela tentação. Aceitar regalias devido ao cargo não é de bom-tom. Além de não acrescentar respeito ou admiração.
- *Walk the talk* significa: respeite para ser respeitado, dê atenção para que os outros retribuam da mesma forma. Melhor do que sair cantando e recebendo vantagens é acabar com o preconceito contra a figura do *chefe*, sendo alegre, gentil, amável e uma pessoa como outra qualquer.

CAPÍTULO 5
CORPO COMO MEIO DE COMUNICAÇÃO

Quem nunca pensou no corpo como meio de comunicação é bom começar agora e a prestar atenção naquilo que as pessoas nos informam por meio dele. O olhar, os gestos, as posturas, a fala e o próprio silêncio podem se transformar em fontes importantes de informação.

Quando estamos diante de uma pessoa, ficamos expostos a uma multiplicidade de informações não verbais que servem para referendar o que está sendo dito e para diminuir suas eventuais ambiguidades. Nessas situações, empregamos várias deixas simbólicas que ajudam a transmitir o que queremos e nos ajudam a interpretar o que os outros nos falam.

Um exemplo é quando as palavras são acompanhadas de piscadelas, gestos, arquear de sobrancelhas, sorrisos, mudanças de entonação e assim por diante.[1] Quando estamos diante de outra pessoa, somos constante e rotineiramente levados a comparar os vários sinais que nos são passados e a usá-los para compreender e nos fazer entender a respeito do que queremos dizer.

Um exemplo claro do quanto o corpo fala pode ser visto no filme *Casamento Grego*, especialmente na cena em que os pais do rapaz vão conhecer a família da futura nora. Além de a cena render boas risadas, mostra claramente o quanto as palavras são desnecessárias para que se entenda o que as pessoas estão pensando.

No filme, as duas famílias, uma grega, enorme, a outra americana, pequenininha, da região de Boston, encontram-se num churrasco. Os dois casais são totalmente diferentes: os gregos são superalegres e abusadamente íntimos, enquanto o par americano é excessivamente distante e discreto.

Não é necessário dizer que o encontro é marcado pela confusão e por muitas caras e bocas, que deixam clara a falta de compreensão da maneira de se comportar tanto de um quanto do outro casal.

---

[1] THOMPSON, B. John. *A mídia e a modernidade:* uma teoria social da mídia. Petrópolis: Vozes, 1998. p. 78.

Baseado nisso, não é difícil imaginar que o *olhar*, para as expressões não verbais, se transforma em fonte de referência para entender se o que está sendo falado é verdade ou uma simples brincadeira. Fato que se torna um problema para pessoas que estão constantemente brincando, ou que são muito careteiras, uma vez que é difícil, para quem vê, entender o que está sendo expresso através dos sinais.

Outro exemplo bastante curioso do corpo como fonte de comunicação ocorreu no encontro do Papa Bento XVI com o Presidente Lula e D. Mariza durante a estada do pontífice no Brasil, em 2007. Na ocasião, o Presidente Lula e a primeira-dama quebraram diversas vezes o protocolo e se aproximaram fisicamente, além do esperado, do corpo do Papa.

O Pontífice, a cada aproximação dos dois, deixava transparecer, fisicamente, o quanto a proximidade o incomodava. Num vídeo fica bastante claro, embora nenhuma palavra tenha sido proferida, o quanto o visitante deu sinais do incômodo pelo qual passava.

Outra cena surpreendente em que o corpo revelou o que a pessoa pensa foi mostrada e comentada em todos os veículos de comunicação: a quebra de protocolo do Príncipe Naruhito do Japão, durante sua visita ao Brasil, em julho de 2008, quando deu a mão para o Presidente Lula.

Neste ponto, é necessário lembrar que os pensamentos, as posturas, as ideias, os planos, os comportamentos ou as soluções que surgem das interações humanas e são expressos pela linguagem do corpo formam intrincadas redes de influências sobre as possíveis decisões e opiniões que serão tomadas e sobre o que é dito.

Desta forma, a atenção para as expressões corporais das pessoas com as quais estamos interagindo num determinado momento é importante, pois são sinais do que elas estão sentindo: conforto, tranquilidade, aceitação, prazer, entusiasmo ou exatamente o contrário. Vale, portanto, "ficar de olho" no que a pessoa diz com o corpo.

ESTUDE AS SUAS CARAS E BOCAS

Não é comum que alguém se detenha para refletir sobre as suas caras e bocas. Mas, só para se ter uma ideia, o rosto humano tem a possibilidade de combinar mil alterações no seu conjunto de expressões.

Uma hora, a sobrancelha vai para cima, enquanto a boca vai para baixo e o nariz dá uma ligeira mexida enquanto as orelhas sobem, e assim por diante. Alguns parecem especialistas e vivem fazendo caras e bocas.

Alguns fazem beicinho quando acham que estão em um lugar importante; outros empinam o nariz enquanto o olhar dá aquela virada. É tudo muito estranho.

Mas esse papo todo vale como uma sugestão para checar suas caras e bocas, ver se elas não estão exageradas, feias, fora de propósito ou pedantes.

Não sabe como fazer? Existem dois caminhos: perguntar para alguém realmente confiável ou simular no espelho. O importante é tomar cuidado durante a pesquisa. Algumas caras e bocas podem ser totalmente fora de propósito, chocantes, e até mesmo assustadoras.

A APARÊNCIA E O SUCESSO

Não é preciso que alguém nos ensine sobre a importância de caprichar no visual, passar um perfume gostoso ou usar a voz para deixar claro quem somos. Na verdade, a maioria de nós é quase PhD em aparência. Mas será que sabemos exatamente aonde isso leva?

Temos necessidade de classificar tudo que encontramos pelo caminho, inclusive as pessoas para as quais somos apresentadas. Quando olhamos para elas pela primeira vez já as rotulamos, de acordo com o repertório de experiências que temos. E, a partir da classificação, decidimos com quem vale a pena nos relacionarmos ou não.

A coisa é tão louca e sem medida, que podemos exemplificar citando um amigo, queridíssimo e inteligente, que insiste, para quem quiser ouvir, que não faz negócios com homens que tenham nariz pequeno. Segundo ele, não merecem crédito.

Claro que essa avaliação é dele, e não corresponde necessariamente à realidade. Afinal, até hoje não há nenhuma constatação de que características físicas sirvam para comprovar a honestidade de alguém.

Seja como for, nossa avaliação das pessoas é feita dessa forma *precária*; portanto, sujeita a grandes erros. O que se sabe é que uma vez malvistos, mudar a forma de pensar de quem errou no julgamento é muito complicado e demorado. Segundo pesquisadores, é praticamente impossível desfazer uma impressão ruim.

Para evitar sermos enquadrados de forma errada e injusta, é preciso nos preocuparmos em como nos apresentamos. Afinal, qualquer detalhe que incomode quem nos vê ou ouve num primeiro contato pode custar caro.

As roupas, a higiene e os cuidados com o corpo são determinantes para o que vai ser observado. Assim, nada mais sensato do que usar roupas que estejam de acordo com o tipo físico, a idade, o meio social e o trabalho. Cuidar para que os cabelos, mãos e unhas estejam com boa aparência, não carregar no perfume e, para as mulheres, uso discreto da maquiagem. Esses cuidados devem bastar para manter o controle do que vão pensar a nosso respeito, pelo menos na primeira vez. Mas não se esqueça: "A primeira impressão é a que fica!".

POR FALAR NISSO, VOCÊ JÁ PENSOU NO PODER DAS ROUPAS?

A maioria das pessoas nunca se questionou sobre o quanto as roupas podem interferir no que os outros vão pensar sobre elas quando optam por um ou outro tipo de vestuário.

Mas a forma como nos vestimos é tão importante que, em 400 a.C., o filósofo Platão já falava sobre a fraude que alguns perpetram quando usam a roupa para enganar quem olha. Pensando bem, ele tinha razão: quantos não se vestem para parecer mais jovens, mais magros, mais sérios ou mais sexy?

A roupa é um referencial de que fazemos uso para decidir sobre o *status* e o papel daqueles com quem nos encontramos. Por exemplo, quando vemos alguém usando uma marca famosa, não há dúvida... Imediatamente pensamos no dinheiro desembolsado para ter aquele objeto e, portanto, "dá para ver que o cara está bem de vida pela roupa...".

Também não é difícil perceber que a roupa, além de acentuar as diferenças econômicas e sociais que existem entre as pessoas, é capaz de mostrar tradição e continuidade. Um exemplo interessante é estudar a maneira de se vestir do príncipe Charles: roupas clássicas e de corte tradicional. Para a imagem do príncipe, isto é perfeito, porque ele precisa mostrar que, com ele, as coisas não vão mudar e que a continuidade e a tradição são valores presentes no seu modo de olhar o mundo.

O curioso é que os jovens príncipes, William e Harry, também fazem uso do mesmo estilo. Num show vanguardista que aconteceu nos jardins do palácio, em Londres, na homenagem aos dez anos da morte de Lady Diana (1997), os rapazes estavam de blazer, calça social e camisa.

Lembrar da elegância de Lady Diana não é difícil. Depois do divórcio, ela aparecia sempre com um visual diferente, numa demonstração clara de modernidade e mudança.

Pensando assim, é preciso refletir sobre o tipo de imagem que gostaríamos de passar para os outros quando nos veem.

Um advogado, por exemplo, deve, na escolha do que vestir, mostrar seriedade, segurança e tradição. Alguém que trabalha com publicidade deve mostrar aparente flexibilidade, modernidade e certa juventude, sem exagerar, é claro. A roupa certa, então, seria jeans e camisa ou calça de sarja e camisa. Lembrando-se disso, é bom prestar atenção nas roupas que usamos para trabalhar no verão.

Na estação mais quente do ano, temos a tendência de procurar roupas mais leves para usar. Mas é também a ocasião em que as mulheres, na tentativa de manter-se refrescadas, se expõem além da conta, o que se torna um perigo no trabalho. Tanto as mulheres que têm físico esguio quanto as que estão um pouco acima do peso devem usar o clima quente a seu favor e não parecer vulgar. Pelo menos no trabalho isso é arriscado. Qualquer que seja o tipo físico, a mulher deve conter a exposição do corpo.

Roupas muito decotadas, transparentes ou com tecido muito fino e sem forro acabam levando a mulher a fazer um papel que não combina com o ambiente profissional. Abusar do que fica bem deixa a figura elegante e soma pontos para a imagem de profissional competente. Procurar vestir-se adequadamente no verão é sinal de inteligência.

Em relação às mulheres, as sugestões para não arranhar a imagem são:

- Blusas de algodão, que são confortáveis e deixam a pele respirar.
- Saias com um centímetro ou dois acima do joelho.
- Camisetas, só para as magrinhas e, mesmo assim, nada de coladas ao corpo.
- Vestidos vaporosos de alcinhas ou de malha são inadequados para o trabalho.
- Decote não refresca o corpo; só serve para alegrar o olhar dos homens.
- As sandálias devem ser de salto alto, mas não exagerados; rasteirinhas apenas para o lazer.

Para os homens, o correto é procurar vestir:

- Camisa social com manga dobrada, se não houver obrigatoriedade de paletó e gravata.
- Calças de tecido leve, preferivelmente de algodão.
- Cinto e sapato.
- Calçados do tipo tênis, camisetas e jeans apenas se todos, do presidente ao boy, usarem esse tipo de roupa profissionalmente.

MODA: O PARADOXO NA VIDA PROFISSIONAL

Para os que não acreditam que as empresas têm preconceitos com o traje de seus funcionários, é bom saber que moda nem sempre combina com trabalho. Isto é tanto verdade que, todos os dias, uma boa parte das empresas busca algum tipo de solução para dizer a seus funcionários que a roupa de trabalho não tem nada a ver com o que é mostrado nas revistas de moda.

Homem ou mulher, não importa, o guarda-roupa profissional não deve ter como referência direta a moda proposta pelos estilistas. Para as empresas, a roupa de trabalho deve deixar claro o comedimento e a certeza de que os gostos individuais estão, pelo menos naquele momento, anestesiados.

Por isso, não é difícil encontrar na hora do almoço, nas praças de alimentação de qualquer lugar do mundo, profissionais vestidos como nas décadas de 20 ou 30 do século passado.

Para quem vê, a maioria dos que desfilam nos intervalos do trabalho está, de modo geral, discretamente vestida tanto no que se refere às roupas, como nas cores e adereços. Claro que mudaram os materiais, os cortes e os cumprimentos, mas se pensarmos bem, no caso dos homens, os ternos ditos elegantes continuam sendo os de corte clássico, cinza pesado e azul-marinho profundo.

E o mesmo se pode dizer da roupa feminina de trabalho: o *tailleur* é cada vez mais um demonstrativo de competência, e o terninho é aliado das longas jornadas. Para as mulheres, a beleza e os atributos físicos não devem se sobrepor ou fragilizar a imagem de aptidão.

Na campanha presidencial americana de 2008, Sarah Palin, candidata à vice-presidência dos EUA, foi tida como o novo ícone da mulher executiva. Vestida com *tailleurs* clássicos e penteados que lembram os usados na década de 50, deixou transparecer o passado de *Miss* e a beleza apenas nos detalhes dos sapatos de salto com os dedos dos pés à mostra, numa leve insinuação de sensualidade.

O paradoxo da moda executiva está no fato de que, na busca pela globalização, as empresas exigem de seus funcionários agilidade, criatividade, flexibilidade, arrojo e dinamismo, mas pensam na roupa de trabalho como demonstração de tradição, segurança, neutralidade e comedimento.

Excluindo os profissionais que trabalham para organizações cujos produtos são ligados à moda, publicidade e tecnologia de informação e têm, portanto, certa flexibilidade no vestuário, a maioria deve seguir normas relativamente rígidas para não destoar.

Para as mulheres, principalmente no Brasil, não existe uma moda executiva, o que dificulta ainda mais a escolha do que vestir para o trabalho. Excluindo-se meia dúzia de lojas que vendem roupas mais discretas, a brasileira está à mercê da sua capacidade de discriminar entre o que deve ou não ser usado profissionalmente.

Além disso, o pouco que está disponível como moda executiva é caro e, na maioria das vezes, tremendamente sem charme, transformando o visual da mulher numa caricatura do que deveria ser uma profissional do nosso tempo.

A falta de modelos e de opções coloca as brasileiras numa situação complicada, principalmente no verão, quando o que é oferecido para compra é, normalmente, insinuante, leve e, muitas vezes, muito ousado.

Para os que têm vínculo com o mundo da moda, fica dos autores uma pergunta: se os estilistas são mesmo tão criativos, por que não conseguem criar uma moda profissional que siga os pré-requisitos das empresas e o desejo dos que trabalham?

Uma coisa é certa: o desinteresse não é por falta de mercado consumidor, uma vez que os postos de trabalho no Brasil, para homens e mulheres, aumentam ano após ano.

NA MODA SEM SAIR DA LINHA

A rainha Elizabeth está entre as mulheres mais elegantes do mundo. Dá para acreditar?

Segundo a avaliação de uma importante revista de moda, a rainha se veste de forma adequada à sua idade, usa tons claros que tornam sua figura mais leve, e usa vestidos com cortes que favorecem a silhueta.

Quando as mulheres consideram a idade e o corpo para se vestirem, tendem a parecer mais elegantes.

No Brasil, a roupa de malha tomou conta do mercado feminino e, por questões que interessam à indústria da moda, virou o que há de moderno. Uma pena, pois embora confortável, é o tipo de roupa que não fica bem em toda mulher.

Para o trabalho então, nem se fala. Mulheres que abusam da camiseta, do vestidinho e de saias desse material, em geral ficam malvestidas.

Uma pesquisa divulgada por um professor de psicologia da Universidade Lawrence, Wisconsin, aponta que, ao vestir-se de forma provocante para o trabalho, a imagem da mulher executiva é, na opinião das pessoas entrevistadas, prejudicada drasticamente.

Para quem tem dificuldade de montar um guarda-roupa para trabalhar, eis algumas sugestões:

- Para os homens, se a profissão permite traje esporte, o correto é ter três calças de sarja, uma azul-marinho, uma bege e uma preta; resolvem o problema e permitem que uma esteja em uso, uma dependurada e a outra sendo lavada; quatro camisas de mangas compridas: azul-clara, listrada azul-clara e duas brancas são mais do que suficientes para possibilitar muitas variações; dois pares de sapato: um marrom-escuro ou bordô e um preto; quatro pares de meia: duas marinho, uma preta e uma marrom são o bastante para o uso.
- Para as mulheres, a roupa deve ser pensada de forma a possibilitar variações não só do que vestir, mas também dos acessórios: duas saias, preta e cinza-escuro; duas blusas que podem ser listradas, estampadas ou lisas da cor preferida; duas camisetinhas básicas de material grosso e firme; dois pares de sapato e duas bolsas de cor preta e caramelo. Junte a isso dois vestidos básicos com acessórios dourado e prateado, e pronto: a mulher tem roupa para um ano. As calças compridas, apesar de muito práticas, são um perigo para quem está com uns quilinhos extras, sob o risco de acentuar ainda mais a silhueta.

A ideia é esquecer a quantidade que, em geral, só serve para trazer desordem na hora de pensar no que vestir, e apostar na qualidade. Gastar dinheiro em peças clássicas e de bom material é o mais correto. Para isto é que servem as liquidações.

CASUAL DAY

Os americanos tiveram, há alguns anos, uma ideia brilhante: todas as sextas-feiras, os funcionários poderiam deixar de lado o sisudo terno e gravata e os conjuntinhos sérios e ir trabalhar com roupa esporte. Nós, brasileiros, para variar, passamos a imitá-los.

Não é preciso dizer que a ideia, tanto lá como aqui, se transformou em um aborrecimento, porque cada um tem sua interpretação do que é uma roupa esporte, e o *casual day* se transformou em churrasco's *day*, praia's *day* ou piscina's *day*.

A situação ficou tão atrapalhada que algumas empresas pensam seriamente em voltar aos moldes anteriores.

Para todos, o importante é não usar tênis, chinelos, sandálias rasteirinhas, camisetas – tanto homens quanto mulheres –, blusas transparentes e justinhas.

Deve-se lembrar que o *casual day* continua sendo um dia de trabalho como outro qualquer, e o bom-senso, um ótimo conselheiro.

O ALMOÇO NO RESTAURANTE JAPONÊS: UMA HISTÓRIA DE DAR DÓ!

Até agora ninguém conseguiu descobrir de quem foi a ideia estúpida de almoçar na salinha *privée* de um restaurante japonês.

Só se sabe que eram sete: três homens e quatro mulheres; dois deles eram novos na empresa, ninguém os conhecia bem. Mas queriam ficar juntos e até aquele momento a salinha parecia adequada porque podiam até dividir os pratos sem chamar muita atenção.

O que nenhum deles lembrou é que tinham pés e, apesar de bem vestidos exteriormente, não podiam dispensar os sapatos.

Uma das moças tinha as palmilhas dos sapatos tão sujas que dava nojo só de imaginar a condição do pé. O rapaz que ninguém conhecia bem tinha um furo, não na meia, mas no sapato. E daqueles bem grandões no "meinho" da sola.

O líder da turma esqueceu-se, na empolgação, de que tinha um malcurado chulé. Um magrinho tímido ficou angustiado quando se lembrou da meia furada no calcanhar. Uma das moças, para economizar, fazia tempos que não fazia o pé; outra estava com os joanetes inflamados e a última foi uma lástima: micose na unha.

Não é preciso dizer que foi uma tragédia. Indefesos diante da exposição e envergonhados com a revelação de suas intimidades físicas, falaram pouco, cada um tentando esconder os seus problemas.

Mas, da história, todos aprenderam uma grande lição: *de nada adianta por fora parecer uma bela viola se, por dentro, se é um pão bolorento!*

Conclusão: mantenha os pés bem cuidados, com as unhas limpas e cortadas, lembre-se que para chulés e micoses existe tratamento. Jamais vista uma meia furada e, para terminar, os sapatos podem ser velhinhos, mas nunca furados.

A ETIQUETA NO SAPATO E O MARKETING PESSOAL

Faz pouco tempo, numa mesa-redonda da qual participavam uma jornalista, um profissional da moda e um consultor, aconteceu um fato engraçado.

Depois das devidas apresentações, a jornalista acomodou-se na poltrona disponível para ela e, ao cruzar as pernas, passou a exibir a sola dos sapatos com uma grande etiqueta grudada.

Estava claro que o sapato era novo e a moça só esquecera de tirar a tal etiqueta, mas o fato é que a etiqueta causou um profundo incômodo na plateia, que, ao mesmo tempo em que queria avisar a incauta, ria-se do "mico" ao qual ela se expunha.

Passados meses dessa apresentação, as pessoas não se lembram nadinha do que foi falado, mas a etiqueta não sai da memória de quem esteve presente.

Moral da história: quando for se apresentar em público, verifique todos os detalhes, inclusive se tirou a etiqueta do sapato.

Dessa história ficou uma dúvida: será que a etiqueta não era marketing pessoal? Nos dias de hoje, é obrigatório duvidar de tudo.

SAPATO SUJO É UM PERIGO

Para quem acredita que sapato não faz diferença, lá vai outra boa história: um executivo, cujo nome não vem ao caso, estava para ser escolhido para chefiar uma das subsidiárias de uma empresa multinacional. Na reunião do conselho em que deveriam escolher o tal substituto seu nome apareceu, mas ele não foi o indicado.

Sabe o que pesou contra ele? Imagine só! O sapato do homem chamou a atenção de um dos conselheiros porque estava sempre sujo.

A ideia foi que um colaborador que não tem competência para perceber e manter seus sapatos limpos não vai dar conta de manter uma equipe trabalhando corretamente.

Além disso, segundo o *board*, a imagem da empresa poderia ficar comprometida, porque um executivo que não anda com sapatos limpos provavelmente também não dá atenção para detalhes.

Embora possa parecer exagerado ou cruel, nunca se sabe o que se passa na cabeça das pessoas.

PERFUME DEMAIS COMPROMETE O AMBIENTE

Tanto faz se é no dia a dia de trabalho, em eventos ou na vida pessoal. Exagerar no perfume, seja homem ou seja mulher, causa desconforto em quem é obrigado a orbitar em torno do vidro de perfume humano.

Não existe nada que provoque mais desconforto e, às vezes, até alergia do que uma overdose de perfume alheio. Tanto faz se a fragrância é levinha ou pesada, a quantidade precisa ser dosada e a evaporação também.

O exagero no perfume usado por uma pessoa, além de trazer prejuízo ao ecossistema, influencia no comportamento dos que estão ao redor, em qualquer situação; por exemplo, quando sentados à mesa para compartilhar uma refeição ou em qualquer outro ambiente.

Comedimento é sempre a melhor medida, tanto para os assuntos profissionais quanto para os de âmbito pessoal. E, nisso, vale o perfume.

QUANTO UMA UNHA FEIA CUSTA PARA A IMAGEM?

Para quem não pensou sobre isso, homem ou mulher, aqui vai um conselho: nunca é tarde para fazer essa conta. É claro que estamos falando de imagem pessoal.

O que acontece na cabeça de quem vê as mãos de uma pessoa com as unhas judiadas não é fácil prever, mas dá para imaginar:

- Unha roída leva quem observa a perceber uma pessoa nervosa ou insegura; e instabilidade não é um fator positivo para um profissional.
- Unha suja é associada à falta de higiene. Quem deixa sujo o que fica à mostra deve também deixar sujo o que não dá para ver.
- Unha masculina com esmalte pode ser visto como muito deselegante.
- Unha de mulher com esmalte descascado parece desleixo e falta de amor-próprio. Imagine como está a roupa íntima!
- Unha com esmalte de cor estranha: falta de aprimoramento pessoal e equilíbrio.

O estado das unhas é revelador, não só da personalidade como também do momento psicológico que a pessoa está vivendo. Preste atenção para não expor o que não precisa. Dependendo do que deixamos à mostra, o resultado pode ser negativo.

CAPÍTULO 6
COMPORTAMENTO

BANHEIRO DO ESCRITÓRIO, "MICOS" E GAFES POSSÍVEIS DE PREVENIR

Um oásis no meio da confusão. Esconderijo na hora de muita raiva. O banheiro é um refúgio seguro quando precisamos dar um tempo no trabalho. É o lugar onde as coisas acontecem. Entre uma passada de batom e uma ajeitada no cabelo, é possível ficar sabendo para quem se precisa fazer festa e com quem não se deve ser visto.

É o lugar onde circula a informação, são tramadas as grandes e pequenas conspirações e onde, se der para esperar, pode-se encontrar a pessoa certa para falar sobre *aquele* assunto. É o lugar para se lamentar quando se passou dos limites, para se reconciliar e "pagar alguns micos".

Até nos filmes o banheiro é local de destaque. É lá que acontecem os assassinatos, as brigas e as grandes cenas de sexo.

Que atire a primeira pedra quem nunca foi correndo para o banheiro ver se a plástica da amiga ficou boa, saber do último fuxico, ou ter a informação de quem vai ser o próximo a assumir *aquele* posto.

O banheiro é também fonte de muita confusão. É ponto de discórdia sobre várias coisas. Há gente que acha que o sabonete podia ser melhor, o papel higiênico não é macio, no final do dia o local *está uma nojeira* e ninguém respeita ninguém. É, ainda, o lugar dos grandes deslizes que podem acontecer com qualquer um de nós.

Para não cometer gafes de banheiro, é preciso tomar certas precauções:

- As mulheres devem ter cuidado quando estão usando saia. Ao deixar o recinto, não é mau negócio observar se ela não ficou presa na calcinha. Não há quem não conheça uma história sobre alguém que saiu andando e mostrando o que não devia.

- Em banheiro não muito limpo, prestar atenção se nada ficou preso no sapato. Descobrir depois de algum tempo uma tira de papel higiênico grudada pode ser muito desagradável.
- Esquecer-se de dar a descarga é exercer a maldade ao extremo. O inferno tem um visual mais agradável.
- As mulheres devem ficar atentas aos absorventes higiênicos. Para eles, só há uma possibilidade: superenrolados em papel higiênico e jogados no lixo.
- Ao entrar no banheiro, verificar se não está faltando papel é sinal de prudência. Não é necessário criatividade para imaginar a "saia-justa" se a falta só for descoberta depois.
- Lembrar que o fato de se estar sozinho no local não significa que não há ninguém do lado. Para os que acreditam que é o melhor lugar para conversas sérias, contar segredos, falar mal de alguém ou da empresa, lembre-se de que o banheiro ao lado tem ouvidos; portanto, cuidado com o que fala.

A VIDA CORPORATIVA NÃO É BAILE DE CARNAVAL

Há pessoas que vivem a vida profissional como se estivessem num baile de carnaval, passam o dia brincando.

Está certo que trabalhar deve ser um prazer, mas, no caso desses funcionários, a diversão acaba custando caro para a imagem e a lucratividade da empresa.

Cada minuto gasto no *MSN*, lendo ou escrevendo *e-mails* para os amigos, conversando fiado com o colega, tomando um cafezinho ou batendo papo no celular tem um custo que não é tirado do salário, pois quem paga é a empresa.

Não é só a empresa que precisa cuidar do funcionário com respeito e dignidade. O trabalho precisa ser visto como uma troca entre as partes. Portanto, preocupar-se em não gastar o dinheiro da empresa bobamente deve ser uma constante e uma questão de ética. Para não "pisar na bola" é prudente ficar de olho em você!

CUIDADO COM A SUA BAGUNÇA!

Alguns acham o máximo dizer que só se encontram no meio da maior *bagunça*, que ser *bagunceiro* é uma forma de se manter jovem, rebelde e flexível. Para esses, só os criativos são capazes de solucionar os desafios que nascem da desordem. Mas o fato é que, para a imagem profissional e social, ser *bagunceiro* pode não ser muito bom.

No caso das empresas, por exemplo, a necessidade de os funcionários conseguirem localizar e classificar com velocidade as informações torna a desordem inaceitável.

É sabido que as pessoas que mantêm em sua mesa de trabalho uma confusão de papéis e outros objetos seguramente levam mais tempo para recuperar uma informação.

Atualmente, com os cuidados que as empresas tomam com a imagem, a simples evidência de um posto de trabalho confuso é prova concreta de que existe contradição entre o que a empresa prega e o que acontece na realidade.

Socialmente, nem se fala. Aqueles que não dão importância para a ordem da casa, do carro e dos armários ficam vulneráveis ao julgamento nem sempre positivo de quem os observa.

Muitas vezes, quando somos convidados para ir à casa de alguém, depois de ver a desordem e a confusão no ambiente somos instintivamente obrigados a mudar a impressão que tínhamos sobre essa pessoa.

A desordem leva a crer na falta de controle e higiene, enquanto em locais em que prevalece a ordem, a ideia de organização e eficiência fica clara. Bem, esse papo todo é para dizer que casa, mesa de escritório ou carro desorganizados não são bem-vistos.

Quando convidar um amigo para compartilhar sua desorganização, mesmo que por pouco tempo, é necessário lembrar-se de que isso significa abrir-se à possibilidade de ser malvisto. Além disso, existe sempre a hipótese de o convidado pensar que não é importante o suficiente para ser bem recebido. Quando vamos receber alguém realmente importante, procuramos deixar tudo bem-arrumado e limpo para causar uma boa impressão. As pessoas que têm consciência de que são desorganizadas devem tomar alguns cuidados:

- Só convide alguém para conhecer seu escritório quando ele estiver arrumado. Ninguém gosta de investir numa pessoa ou empresa muito desorganizada.
- Se chegar um cliente inesperado e o ambiente estiver em desordem, peça para a pessoa aguardar na recepção. Pegue tudo que está espalhado – papéis, lixo, copos – e deixe fora de vista. Faça qualquer coisa, mas não compartilhe sua confusão.

SE O ASSUNTO FOR CASA E CARRO, PRESTE ATENÇÃO

- Ao receber alguém para jantar, ofereça um ambiente limpo e organizado. É muito indelicado apresentar uma mesa mal-arrumada, comida servida em panelas, toalhas e guardanapos manchados. Ninguém merece ter de disfarçar e dizer que acha que falta de higiene ou falta de ordem dão um gostinho pitoresco ao encontro.
- Na intimidade, organização e higiene são essenciais em tudo: nas roupas de cama, mesa e banho e, é claro, nas de vestir. Não existe nada mais incômodo do que roupas mal-apresentadas e cheirando mal.
- O banheiro deve estar em ordem: toalhas limpas, papel higiênico à mostra e sabonete novo, tudo pronto para ser usado.
- O conjunto carro-armário é um perigo para a reputação de qualquer um. Manter o veículo limpo e o armário arrumado soma muitos pontos para o proprietário.

É bom ficar claro que o contrário de ser desordeiro não é ser portador de TOC (Transtorno Obsessivo Compulsivo), mas simplesmente ter-se em altíssima consideração e saber viver bem.

SER ASSERTIVO É A MELHOR ATITUDE

Existe coisa mais despropositada do que alguém que não tem limites? Sabe aquele colega que pensa que pode pedir para "quebrar o galho" a toda hora? Aquele que está sempre chegando atrasado e pede para o primeiro que encontra iniciar o trabalho pois ele já está chegando? Ou o que se descontrola e arma o maior "barraco" por nada?

Assertividade[1] é não fazer ou ouvir o que não se quer, ou não se submeter a aceitar o que é da responsabilidade do outro. Ser assertivo é não *dar brechas* e acabar com a *moleza* de alguns folgados ou malcriados de *plantão*. Não é ter falta de educação, mas sim ter respeito e bom-senso.

Ao tomar para si a responsabilidade que é dos outros, quem fica sobrecarregado é a pessoa que se dispõe a ajudar. Da mesma forma, prestar-se a ouvir ofensas é uma forma clara de não se dar ao respeito.

Quando não quiser ou não puder colaborar naquele momento ou situação, o correto é ser firme e responder educadamente: "Sinto muito, desta vez não vai dar!". O receio de ofender, parecer mesquinho ou pouco colaborativo deve ser deixado de lado. Para os que confundem boa ação com trabalho, é bom esclarecer que são coisas completamente diferentes.

Numa empresa, é preciso ser honesto, compartilhar e interagir de forma que todos consigam desempenhar seus papéis com eficiência. Trabalho não tem nada a ver com ONG ou ajuda humanitária.

Quem se ofende com um *não* de uma pessoa assertiva seguramente não estava muito bem-intencionado.

UMA HISTÓRIA SOBRE MAU HUMOR

Numa dessas manhãs de segunda cheia de sono, duas funcionárias conversavam: "Tô de bode, meu!". A moça foi vomitando sua desventura, falou do rodízio, da enxaqueca, mas avisou que não era TPM. "Graças a Deus", respondeu a colega paciente, "isso mata qualquer uma".

Ouvindo esse discurso, não era possível pensar em outra coisa a não ser em como aquela moça desempenharia seu trabalho se, às sete e trinta, o mau humor já estava correndo solto. Só de pensar já deu a maior pena dos colegas, clientes e fornecedores que seriam as possíveis vítimas de tanto azedume.

---

[1] Segundo Max Guering, em artigo publicado pela Você SA, "O assertivo é o que não enrola, não inventa, não distorce e não diz uma vírgula além do necessário".

Para os mal-humorados, só resta um conselho: "Sai dessa, urubu, tenha dó de quem é obrigado a ficar ao seu lado. Não comece o dia enchendo os ouvidos dos colegas de trabalho com reclamações".

Ninguém tem nada a ver com isso. Aliás, não existe nada mais aborrecido do que ser obrigado a compartilhar o mau humor alheio.

Quem não tem nada agradável para falar, é melhor ficar de boca fechada e tentar disfarçar. Neste caso, o silêncio é tido como uma competência pra lá de bem-vista.

FUMAR É UM HÁBITO MALVISTO

Uma história que incomoda é a dos fumantes terem cada vez menos espaço nos ambientes públicos e nas casas das pessoas. Claro que as medidas restritivas não são novas, mas dá pena ver os que fumam se sujeitarem a determinadas situações para manter o hábito.

Nos aeroportos da Europa, por exemplo, eles dispõem de pequenos cubículos, com paredes de vidro e sem sistema de exaustão, suficiente para darem as últimas tragadas antes de embarcar para seus destinos. Expostos a condições impróprias, são tratados como pessoas que devem ser penalizadas pela fraqueza de não conseguirem parar com o cigarro.

Essa situação se repete de aeroporto em aeroporto, restaurante em restaurante, como se o fato de fumar tirasse do ser humano a condição de normalidade.

Para os radicais, quem não consegue parar com o vício deixa evidente que o fumante tem pouco controle sobre si próprio e nenhuma determinação. E, em qualquer processo de seleção para um emprego, um fumante quase não tem chance se estiver competindo com um não fumante.

Além disso, queira ou não, mesmo para quem toma todos os cuidados e precauções, as roupas não cheiram bem, as unhas ficam amareladas e os dentes escurecidos.

Está claro que parar de fumar é uma decisão difícil, e o processo é acompanhado por uma série de promessas pessoais, brigas internas e conflitos. Mas já pensou ter de passar a vida toda perguntando para as pessoas: "Você se incomoda se eu fumar?".

Para os que ainda estão se decidindo, é preciso respeitar algumas regras a fim de não serem taxados de grosseiros:

- ◆ Em casa ou escritório de não fumante, não peça para fumar. Muitas vezes, a pessoa que recebe, ao ser indagada, sem coragem de dizer não, autoriza, mas libera a contragosto. Para muitos, o cheiro do cigarro, mesmo que tenha sido "unzinho", é horrível.

- O melhor a fazer depois de um dia de muitas tragadas é tomar um bom banho e trocar de roupa antes de "engatar" em outro programa. Não existe nada mais deprimente do que uma pessoa cheirando a cigarro no final do expediente.
- Os fumantes devem procurar não fumar o cigarro até a *bituca*, porque os dedos ficam manchados.
- Procure clarear os dentes sistematicamente. "Sorrisão" de nicotina é muito feio. Quanto ao hálito de cigarro, nem se fala.
- Nos restaurantes, mesmo na área reservada para os fumantes, é importante cuidar para não jogar a fumaça em quem está ao lado. Algumas vezes, quem compartilha o espaço só está lá para acompanhar um amigo que fuma.
- Ficar abanando as mãos no ar depois de soltar a fumaça é feio, além de estranho. Quem resolve fumar, deve assumir que, eventualmente, pode incomodar alguém. Se perceber que a fumaça está indo em direção à pessoa ao lado, o correto é apagar o cigarro ou ir para outro lugar até terminá-lo.
- Leve consigo uma lavanda leve para ser borrifada na roupa.
- Mantenha um estoque de chicletes ou balas de hortelã para acabar com o hálito do cigarro.
- Lave as mãos depois de fumar. Realize o processo como se fosse entrar para uma cirurgia.
- Se possível, tire o paletó enquanto estiver fumando, para não deixar a peça de roupa cheirando fumo.
- Jamais entre em salinhas para fumantes, um minuto é suficiente para ficar completamente "detonado".

Conselho: não desperte a ira de um não fumante. Infelizmente, no momento ele é que está por cima da "carne seca".

OS ESTRANHOS COMPANHEIROS DE ELEVADOR

O elevador foi sem dúvida uma grande invenção. Já imaginou ter que subir uma "montanha" de degraus? Não seria nada fácil. Mas há uma situação que sempre é esquisita: compartilhar um espaço com desconhecidos.

De repente, somos obrigados a dividir esse espaço ridiculamente pequeno com um grupo de pessoas que não conhecemos. Quando sobram duas pessoas, então, é demais.

Como ninguém sabe para onde olhar, todos ficam plantados, olhando para a frente. Os poucos que se arriscam a olhar para os presentes, retornam rapidamente os olhos para a porta. Por sorte, nos elevadores modernos inventaram a notícia digital; assim, é possível relaxar e sair informado.

Falar ao celular enquanto estamos dentro do elevador, só para alertar a parada súbita do equipamento ou avisar a polícia de um ataque terrorista. Viajar contando a vida ou fazendo negócios, além de falta de educação, expõe a intimidade de quem faz uso do aparelho.

A melhor atitude, ao usar o elevador acompanhado de estranhos, é cumprimentar todos ao entrar, virar para a porta e permanecer assim até chegar ao seu destino. Desta forma não há risco de alguém se sentir incomodado com o olhar. Fazer o quê, não é?

ESPERE PARA ENTRAR NO ELEVADOR

Um executivo esperava o elevador ao lado de oito pessoas que aparentavam muita pressa. Assim que o elevador chegou ao térreo, lotado, todos que estavam dentro, também apressados, quiseram sair, mas foram impedidos por uma barreira humana que queria entrar.

A confusão dos corpos, o esbarra-esbarra estúpido parecia coisa de louco. Demorou algum tempo até que os apressados entendessem que, para que pudessem entrar, era preciso que os que estavam dentro conseguissem sair.

O que aquelas pessoas não sabiam é que as regras da boa educação servem justamente para isso. Primeiro sai quem está dentro, para, em seguida, entrar quem está fora. Se não for assim, arma-se uma enorme confusão, na qual todo mundo perde tempo e ainda faz papel de bobo.

No metrô o procedimento é o mesmo: se aqueles que estão entalados, espremidos, não conseguirem sair, os que estão fora dificilmente poderão entrar.

NÃO DÊ MUNIÇÃO PARA FALAREM MAL DE VOCÊ

Quem é que não ouviu pelo menos uma centena de vezes alguém contando detalhes sobre sua vida íntima para os colegas de trabalho?

Certa vez, na praça de alimentação de um *shopping*, o desabafo invejoso e despudorado de uma moça sobre a *performance* amorosa e as falcatruas do ex-namorado foi ouvido por todos que estavam próximos. Entre risos, os colegas sugeriam a natureza e a intensidade da vingança que deveria ser aplicada ao condenado.

Até aí tudo muito engraçado, mas... E quando a raiva passar? E se por acaso algum rapaz presente tivesse uma quedinha pela "fofa"? Teria coragem de encarar a fera?

Nessa onda de revelar até a alma em praça pública, coisas de *reality show*, a maioria esquece que informação é poder, e quanto mais se sabe sobre a intimidade de uma pessoa, maior é o poder que se tem sobre ela.

Além disso, a maneira como cada um vai usar a informação que dispõe sobre o outro vai depender do momento, do estado de espírito e, naturalmente, da vontade de ser honesto ou não.

Não é preciso guardar a vida a *sete chaves*, mas discrição nos detalhes, pudor ao contar as passagens mais tórridas e sigilo sobre o que foi revelado em confiança são atitudes prudentes.

Dar a qualquer um munição para ser usada contra si mesmo no futuro é um risco, mesmo sentindo-se seguro debaixo das juras de um amor eterno.

Lembre-se: controlar a munição do outro é um dever de todo profissional inteligente.

O PALAVRÃO E O OUVIDO QUE VIROU PENICO

Saindo da faculdade, em meio à confusão dos alunos, duas moças, com ótima aparência, conversavam animadas sobre um eventual deslize que uma delas havia cometido. De repente, uma senhora que passava ao lado ouviu: "Caguei, meu, agora vou ter que limpar".

Não é preciso dizer que foi o maior susto. Nada de puritanismo, mas a mulher não esperava ouvir aquele comentário, àquela hora da noite e, ainda mais, de duas moças bonitinhas.

Mesmo percebendo o olhar estranho da mulher, as duas seguiram falando sobre a "merda" que foi o que aconteceu com uma delas. Por gozação ou por hábito, a conversa engrossou o tom e, no pequeno espaço de tempo durante o qual caminharam lado a lado com a mulher, foram falando: "Puta, meu, você não imagina!", "Porra, por que você não levantou e foi embora?" e, para finalizar, "Eu tenho culpa se meu ouvido virou penico?".

O arremate da conversa foi tão extravagante para a situação que a mulher, em vez de ficar calada, acrescentou: "O seu? Imagine o meu!".

As duas moças entreolharam-se e seguiram, sentindo-se invadidas, enquanto a mulher continuou seu caminho achando a maior graça.

Moral da história: antes de sair acrescentando na conversa toda sorte de palavrões, dê uma olhada ao redor para ver se há alguém por perto. A função do ouvido dos outros não é a de ser penico. Agora, sobre os olhos do leitor, ainda não se falou nada.

NÃO TORTURE QUEM ESTÁ ACIMA DO PESO

Estar uns quilinhos acima do peso é sempre muito desagradável. Além de ter que conviver com as *gordurinhas* que insistem em se fazer notar, os que estão acima do peso são obrigados a conviver com os maníacos por magreza e regime.

Os magros são como uma força-tarefa sempre de prontidão para investigar, apontar o crime e punir com amolação verbal quem está com uns quilinhos a mais.

Os loucos por dietas, quando não afrontam os gordinhos com um inquérito sobre o porquê e com que direito estão comendo alguma coisinha a mais, desdenham com brutalidade a força de vontade dos que se esforçam, mas não conseguem emagrecer.

Perguntas como "Meu, você não está fazendo regime?" ou "Você é louco, isso é uma montanha de calorias!" alternam-se com afirmações nocivas, como "Isso não é nada, eu fiquei sem comer dois dias e estou aqui firme" ou "Força de vontade tive eu!".

Os que estão acima do peso, além de viver em constante prontidão para não se deixar levar pela sedução gastronômica, precisam se manter alerta a observações destrutivas dos compulsivos por regime.

Tudo isso é uma grande chatice. Além de os gordinhos serem permanentemente lembrados de que as "banhinhas" estão se apossando do seu corpo, ainda se veem obrigados a explicar o que estão comendo. Isto é amolação demais, e ninguém merece.

Para tentar acabar com isso, o conselho para os maníacos por dieta é que poupem de suas observações os que estão acima do peso e, para não se excederem, prestem atenção:

- Não comentem sobre o físico do amigo ou do colega – ele não é bobo. O número de calças e camisas de tamanhos diferentes no armário é referência pontual do aumento ou diminuição do peso.
- Para os fortes que não se deixam levar pelo excesso, parabéns. Mas, ficar falando sobre a força de vontade necessária para atingir a silhueta ideal é um exercício narcísico, só faz bem para quem é magro.
- Pense um pouco: se criticar e apontar o excesso de peso ajudasse, as fábricas de produtos *diet*, *light*, revistas e laboratórios de remédios para emagrecer não teriam tanto sucesso.
- O excesso de peso pode não ser uma fraqueza, mas sinal de saber viver a vida. É tudo questão de cultura e ponto de vista.
- Aproveite o que a pessoa tem de melhor: a companhia, a alegria e o caráter; quanto ao sobrepeso, isto é um problema dela.

De resto, se você é magro, com esforço ou sem ele, ótimo. Mas deixe os que estão acima do peso em paz. É mais elegante!

OIIII... VOCÊ RECEBEU O MEU E-MAIL?

Faz parte do cotidiano algumas pessoas se esquecerem de confirmar que receberam os *e-mails* enviados, providência que garante a quem enviou a certeza do recebimento de seja lá o que for.

Mera burocracia, bobagem ou perda de tempo, essa resposta serve de controle e prova de que o destinatário acessou a mensagem e dá garantias de que a informação não se perdeu. Embora poucos acreditem, a desculpa da correria não diminui a falta de cortesia da ausência de resposta.

Garantir que recebeu o *e-mail* é muito simples e demanda um esforço menor do que pedir desculpas posteriormente. Basta usar a opção de resposta e enviar um simples "Ok", "Recebi e vou providenciar", ou qualquer outra resposta cabível.

É o tipo de gentileza que, além de nada custar, é bastante simpática.

CHEGA DE COLOCAR GENTE NA SUA "KOMBI"

Há pessoas que não sabem fazer nada sozinhas. Têm mania de incluir o mundo para participar do trabalho, da sociedade, do lazer, das férias; enfim, de tudo o que fazem. São os que enchem a vida de gente e, no final, não conseguem dar um passo adiante.

Sabe como é? São os que adoram convidar Deus e o mundo para compartilhar qualquer coisa que desejam fazer, e depois, na hora H, não conseguem ou não podem efetivar aquilo a que se propuseram.

Compartilhar é sempre bom, ajudar quem precisa é precioso, mas, quando é demais, só atrapalha a vida.

Antes de sair por aí convidando as pessoas para dividir uma ideia ou ajudar, é melhor verificar se a proposta é válida, se cabe mais um na "Kombi" ou se alguém, que pode ser você mesmo, não vai acabar sendo colocado para fora dela.

Lembre-se: isto não tem nada a ver com egoísmo, mas é um sinal claro de inteligência.

FALAR ALTO NO ESCRITÓRIO É FALTA DE EDUCAÇÃO

Alguns não percebem o espaço que ocupam e o poder que têm de atrapalhar os colegas. Os barulhentos, por exemplo, vivem se esquecendo de que convivem com outras pessoas no trabalho e falam alto ou fazem todo tipo de ruído.

Reclamações sobre o desrespeito dos colegas com relação ao barulho são comuns. Para alguns, o exagero de ruído é tanto que fica difícil se concentrar.

Fica aqui um conselho: procure moderar o volume da voz, o som do celular e outros ruídos que possam incomodar as pessoas. Não existe nada mais desagradável do que se sentir desrespeitado pelos que compartilham o mesmo ambiente.

CRITICAR É FÁCIL, DIFÍCIL É SER ELEGANTE

Criticar sem arranjar confusão ou ficar malvisto nem sempre é tarefa fácil. Além da dificuldade para expressar com correção o que pensamos, temos de tomar cuidado com o que o outro espera ouvir.

Nunca conhecemos realmente o que as pessoas pensam ou sentem. Por exemplo, quando alguém se diz cansado, não conseguimos sentir a intensidade desse cansaço, ou, quando ouvimos uma pessoa dizer *nunca mais* para alguma coisa, não é possível medir se a afirmação é verdadeira ou não.

Preocupar-se com o impacto das palavras usadas nas nossas interações para não magoar ou incomodar é a garantia da manutenção de um ambiente de trabalho mais agradável.

Para as críticas, a regra é a mesma. Pessoas que têm por hábito apontar os defeitos dos trabalhos apresentados ou falar mal dos colegas e chefes, dependendo de como a crítica é feita e da constância, nem sempre são queridas. Além de criarem para si mesmas relacionamentos pautados pela desconfiança, deixam a impressão de que nunca se sabe quem vai ser poupado ou não.

Criticar é sempre uma atitude de risco e, dependendo do lugar, do nível hierárquico e de quem se encontra próximo, a possibilidade de quem critica ficar malvisto pode ser grande.

Falar ou criticar qualquer coisa, sem se preocupar com o que se passa na cabeça de quem ouve, é pura imprudência.

Assim, caso tenha que fazer um comentário sobre a atuação ou o desempenho de qualquer pessoa no ambiente de trabalho, use cautela e preste muita atenção às palavras, ao tom e ao motivo.

Criticar só por criticar é um esporte que não faz bem para a imagem de quem o pratica e pode prejudicar quem é vítima.

DEPOIS DE "PAGAR UM MICO", É MELHOR SÓ PEDIR DESCULPAS

Num jantar de aniversário, em um restaurante, uma das convidadas bateu a mão num copo cheio de vinho tinto e, para horror dos que estavam sentados à mesa, o vinho voou para todos os cantos. Ficou claro naquele momento que a morte teria sido a melhor escolha para a moça, que ficou sem saber o que fazer.

A partir daí, uma sequência de desastres marcaram o jantar, começando por um infeliz e insistente pedido de desculpa e a incessante tentativa de limpar com o guardanapo a camisa do anfitrião.

A confusão só terminou quando uma mulher esperta e amiga da vítima interferiu, dizendo que a camisa seria levada para a lavanderia e estava liquidado aquele assunto.

Embora situações como esta sejam realmente muito constrangedoras, o pedido de desculpas tem limite. O mais adequado é observar algumas regras de etiqueta:

- ♦ Entenda que uma vez derrubado, o vinho – ou qualquer outra coisa – está derrubado. Infelizmente, não temos o dom de mudar o passado.
- ♦ Sujou? Puxa, que pena! É possível fazer alguma coisa para diminuir o incômodo? Não? Então lamento muito.

- Não tente limpar a outra pessoa com gelo, água ou o que for. Até porque, em caso de mancha, é melhor, segundo dizem, não interferir com nada porque só dificulta o trabalho da lavanderia depois.
- Peça desculpas no máximo duas vezes, e "fique na sua".

Não há mais nada a fazer. O que não pode é constranger a pessoa afetada e os presentes. Parece pouco, mas é o que se deve fazer nessas situações.

O QUE FAZER PARA TER BONS AMIGOS

A ideia de que fazer amigos colabora para o sucesso profissional não tem nenhuma novidade. Mas como se dar bem quando a intenção é esta já é outra conversa.

Ao analisar o que faz algumas pessoas viverem rodeadas de pessoas queridas, fica claro que simpatia, cordialidade e otimismo aumentam em muito a possibilidade de se fazer amizades boas e duradouras.

Mas do contrário: pessoas tristes, antipáticas, críticas e pretensiosas são invariavelmente penalizadas por suas atitudes e acabam tendo que pagar caro para ter alguém ao seu lado.

Não é difícil acompanhar a luta de homens e mulheres para se fazerem queridos; mas, muitas vezes, pouco ou nada conseguem, apenas porque acreditam que amizade significa ter gente por perto.

Uma boa amizade não se compra com festas, bajulação ou presentes. Para conquistar um amigo é necessária a mistura, nem sempre fácil, de empatia, disponibilidade emocional, otimismo e alegria.

A empatia é fundamental para enxergar o outro não como uma extensão de si mesmo, mas como alguém que, mesmo pensando e sentindo diferente, busca ser ajudado ou compreendido.

A disponibilidade emocional é fundamental para que, ao lado da empatia, a pessoa sinta não estar atrapalhando ou abusando, mas ajudando, o que faz parte do compromisso de se fazer querido.

O otimismo precisa se fazer presente, pois o que se busca nos outros é a ajuda para encontrar soluções, e não para enfatizar os problemas. O otimismo é que transforma as mazelas da vida em desafios e experiências que podem fundamentar o futuro.

A alegria é o bálsamo que torna a vida feliz, cheia de risadas; e a amizade é uma das poucas coisas insubstituíveis na vida de qualquer um.

Ter companhia para rir e compartilhar os bons momentos é o troféu que se recebe quando se sabe de fato fazer amigos. Assim, apesar de possuir amigos ser mesmo importante para a vida profissional, é preciso ter claro que, na amizade, está implícito o compromisso de oferecer qualidade nos sentimentos e o melhor de si para quem se dispõe a caminhar pela vida ao nosso lado.

Para transformar conhecidos em bons amigos, é necessário dar alguns passos:

- Ao encontrar alguém, receba a pessoa sempre com festa. Palavras simples, como "Que bom encontrar você!" ou "Que surpresa boa para o meu dia!", são sempre agradáveis.
- Fazer o mundo compartilhar das suas dificuldades, viver comentando problemas e criticando o mundo são comportamentos ótimos para afastar quem quer que seja.
- Permita-se não criticar o outro. Mesmo que, do seu ponto de vista, esteja tudo errado. Algumas pessoas pedem conselhos, mas não querem ouvir só o que você não faria; na maioria das vezes, o que se busca é cumplicidade e solidariedade.
- Mantenha-se disposto a participar e comemorar com o amigo todos os momentos, mesmo os que são pura ilusão. "Estou com você nessa!", "Conte comigo!" ou "Vou torcer para dar certo!" são palavras mágicas.
- Permita que as pessoas entrem no seu mundo; não queira apenas invadir o mundo delas. Receptividade só soma pontos positivos.
- Não queira ser o dono do mundo e achar que só você tem razão. Verdade, cada um tem a sua.
- Lembre-se de que os amigos não são apenas para datas especiais. Lembrar-se de telefonar somente para perguntar como vai ou dizer que está com saudades não é nada quando se pensa no retorno dessas atitudes.
- Permita-se dar muita risada. Não existe nada mais gostoso do que conhecer e conviver com gente engraçada e de bem com a vida.

Para terminar, lembre-se de que pessoas que são gentis, que abraçam as causas dos amigos e conhecidos, que têm histórias positivas para compartilhar e que não criticam, seguramente, depois de alguns anos, podem se dizer privilegiadas e cercadas de bons amigos – e não de meros conhecidos.

QUANDO – E COMO – DIZER NÃO?

Conhecer pessoas, trocar informações, fazer-se lembrado são atitudes que mostram, cada vez mais, bom-senso e inteligência.

Manter uma *networking* ativa, além de divertido, é um trunfo poderoso para ser usado em diversas situações da vida profissional e social. Afinal de contas, nunca se sabe quem dos nossos conhecidos pode "quebrar o maior galho" ou ajudar a resolver um problema sério.

Mas, em algumas ocasiões, é preciso ter boa vontade e até fazer certo esforço para aceitar alguns dos convites que aparecem, pois quem não aceita um convite, dependendo para o que for, dificilmente será convidado novamente, e quem não se faz lembrado fatalmente será esquecido.

Convites para eventos, confraternizações, bota-foras ou aniversários dos colegas de trabalho não são para ser negados. O mesmo vale para os convites de parentes, com os quais é preciso tomar cuidado para não ferir sentimentos e angariar antipatias.

Para se fazer lembrado é necessário habilidade e critério até para, se for preciso, recusar um convite. Explicações adequadas e rapidez na resposta podem justificar a ausência que, mesmo assim, deve ser evitada a qualquer custo.

Para colaborar, reunimos algumas situações em que a recusa não é sensata; portanto, é necessário cautela se for impossível a presença:

- Festa de aniversário do filho de um ex-colega de trabalho. Mesmo que o programa seja "cinco flechas", a lembrança desobrigada do ex-colega merece consideração. Passar rapidamente para dar um abraço e deixar uma lembrancinha asseguram uma imagem positiva. Porém, caso tenha de declinar do convite, avise e mande o presente assim mesmo, acompanhado de um cartão simpático, desejando felicidades para o aniversariante. Lembre-se de que do futuro nada se sabe.
- Jantar de confraternização, bota-fora, aniversário ou casamento de colegas de trabalho, em regra, devem ser aceitos. Não existe nada que magoe mais um colega ou mostre falta de consideração do que estar ausente numa dessas datas. Imagine se, por maldade, alguém disser que o fulano se acha muito importante e, por isso, não aceitou o convite. O resultado é que todos os presentes acabam pensando mal daquela pessoa.
- Reencontro da turma da faculdade é uma boa ocasião para rever os amigos e reforçar a *networking*. Se a presença for impossível, mande um *e-mail* para os organizadores, cumprimentando a todos, e reforce a disposição para manter o contato.
- Em qualquer evento promovido por clientes e conhecidos do mundo profissional a presença é obrigatória. Para estes, a negativa só acontece uma vez; no próximo evento, seguramente, você nem será lembrado.
- Reuniões familiares de qualquer natureza são passíveis de recusa, desde que justificadas com carinho. A família costuma ser mais generosa e compreensiva nessas situações. Mas, qualquer convite da sogra deve ser aceito sem hesitação. A vingança de uma sogra magoada é sempre disfarçada, porém maligna!

MULHERES GOSTAM DE HOMENS GENTIS

Apesar dos avanços femininos, as mulheres, de modo geral, continuam gostando de homens gentis.

Histórias "barraqueiras" como as de que "Mulher gosta mesmo é de apanhar" ou "Macho que é macho não dá beijo, dá porrada" são só para porta de banheiro de posto de gasolina de beira de estrada ou de borracharia.

Deixar uma mulher entrar ou sair do elevador antes do homem, abrir a porta para que ela possa entrar, puxar a cadeira ou servir a bebida são detalhes que ainda causam impacto positivo e muita admiração feminina.

Homens que prestam deferências quando saem com uma mulher são bem-vistos. Para as mulheres que não apreciam receber gentilezas masculinas ou se sentem inseguras é sempre tempo para reformular posições.

Aceitar uma gentileza é sinal de bom-senso.

QUANDO SUBIR DE CARGO, MANTENHA OS PÉS NO CHÃO

Para os que acreditam que fazendo tudo direitinho vão conseguir ter controle sobre todos os eventos da vida, é bom saber que as coisas não funcionam assim.

Mesmo programando a vida, devemos estar preparados para mudanças, algumas bem-vindas, outras não.

Na nossa existência, mesmo quando se chega ao topo, é preciso manter a cabeça no lugar e os pés no chão. Não é difícil perceber que alguns executivos bem-sucedidos, ao aceitarem os benefícios que as empresas proporcionam, perdem a noção da realidade.

Por exemplo, casa, carro, título do clube, viagens e outros bens materiais, dados como benefícios pela empresa, passam a fazer parte de tal forma do dia a dia que a maioria dos executivos acaba se esquecendo de que esta é uma condição que está atrelada ao cargo, e não necessariamente à pessoa.

Assim, esquecer dos antigos amigos, colegas de trabalho e daqueles que nos ajudaram a chegar ao topo, deixar de conviver com os que, porventura, não foram tão longe, ou envergonhar-se de ter começado a vida do zero são erros imperdoáveis e uma enorme falta de atenção com a vida.

As pessoas que passam por nós e nos ajudam a chegar ao topo necessariamente devem ser queridas e lembradas.

QUEM "PAGA UM MICO" TEM DE DAR RISADA

Você já caiu sentado no chão na frente de uma plateia? Não? Sorte a sua. Mas é bom estar preparado, porque isto pode acontecer.

Um palestrante famoso, cujo nome não faz diferença, durante uma apresentação levou um "tombaço" no meio do palco.

Na hora, a plateia prendeu a respiração, não acreditava que o homem estava estatelado no chão. O tempo ficou suspenso, ninguém se moveu ou riu, até que o palestrante foi se levantando enquanto falava: "Podem rir, eu sei que vocês estão tentando ser educados".

Parece que foi uma bênção, um verdadeiro alívio para a plateia, que caiu na gargalhada, enquanto o palestrante dizia: "Agora vocês estão felizes, vão poder dizer que minha palestra foi incrível".

Embora seja ridículo cair na frente de outras pessoas, caso aconteça algo semelhante, não fique bravo ou envergonhado. Levante-se o mais rápido que puder, faça uma graça, ajude quem viu a dar risada e, logo que possível, retorne ao assunto.

Não tenha vergonha e não leve a sério o "mico". Ele faz parte da vida!

SIMPATIA AJUDA A DESLANCHAR A CARREIRA

Há pessoas que morrem de medo de ser simpáticas no trabalho. Sabe como é, acreditam que *cara fechada e de poucos amigos* é o suficiente para mostrar competência.

Grande engano! Está provado que pessoas de bem com a vida – e que evidenciam isto – se saem melhor na carreira.

Ninguém gosta de se relacionar ou fazer negócios com gente brava, enfadonha ou arrogante. E, de modo geral, estas são as últimas pessoas a serem lembradas para qualquer coisa.

Então, uma cara simpática e um "sorrisão" na boca, além de acolhedores, deixam claro que não existem barreiras para o relacionamento.

Para quem quer chegar à liderança, este comportamento tem tudo a ver com disponibilidade para enxergar o próximo, aceitação das diferenças e facilidade para se integrar.

Esta postura, somada à competência, produtividade e flexibilidade vira um caldo imbatível para uma carreira de sucesso.

TORCIDA DE FUTEBOL: UM ÓTIMO ASSUNTO PARA GERAR ANTIPATIA

Torcedores e brincalhões "de plantão": cuidado com as piadas sobre o time de futebol dos colegas de trabalho.

Embora a picardia faça parte do jogo entre as torcidas, quando o colega é radical, o que deveria ser uma provocação amistosa pode se transformar em raiva mortal.

Muitas vezes não nos damos conta da importância que as pessoas atribuem a seus ídolos de futebol. Acreditamos que um comentário sarcástico sobre o mau desempenho do time do colega vai se manter no plano da gozação.

Mas a coisa não é bem assim. Dependendo da pessoa, o comentário pode gerar uma indisposição que se estende para o trabalho. Quando o torcedor é um amante incondicional do seu time, fazer uma piada pode ser motivo de uma antipatia profunda.

Como não seria lá muito maduro dizer claramente para o colega: "Você é um cretino e te odeio porque vive tirando sarro do meu time", as pessoas guardam para si a raiva. Mas o malquerer aparece na forma de puxadas de tapete, respostas tortas e má vontade.

É claro que brincar com o time adversário faz parte da festa, mas, se o fizer, lembre-se: moderação.

VOCÊ SABE USAR CORRETAMENTE SEU CELULAR?

Se você fosse convidado a listar as dez invenções que deram mais flexibilidade ao homem nos últimos tempos, em qual lugar colocaria o celular?

E se a pergunta fosse "Quais dessas invenções causaram mais confusões e gafes"? Na certa o celular ganharia disparado de qualquer outra, concorda?

Pois é, este é um dos poucos aparelhos que têm, no currículo, centenas de pisadas de bola, mal-entendidos e também um "montão" de coisas positivas.

Esse clima de amor e ódio se estende entre os usuários e empresas, porque o celular, ao mesmo tempo em que é prático, também inferniza a vida de todo mundo.

Os viciados nele passam o tempo todo jogando, falando ou mandando torpedos. Para esses doidos por celular, se por acaso esquecem o telefone em casa o dia acaba. Mas, como não consegue se desgrudar do aparelhinho, a maioria acaba se esquecendo de que vive rodeada de outras pessoas. E é então que começa o show de gafes e baixarias.

É telefone que toca no meio de uma reunião ou durante uma visita ao cliente, pessoas que colocam como toque de chamada "gracinhas" do tipo: "Quem está falando? Quem? Enganei você... deixe seu recado!", hino do time de futebol ou músicas de balada totalmente inoportunas e inconvenientes para um profissional.

Pode parecer bobagem, mas imagine só se todos os funcionários deixarem seus celulares ligados com musiquinhas estranhas e disparates como toque de chamada... A vida na empresa acabaria virando um horror.

A imagem de profissional competente depende de muitos pontos e, por incrível que pareça, saber usar o celular corretamente está entre eles.

Apenas para você testar se por acaso não anda "pisando na bola", veja alguns lembretes:

- Escolha um toque profissional para o seu celular. Músicas de balada são ótimas para depois do expediente; no escritório não devem ser usadas. O mesmo para risadinhas, piadas e outros toques diferentes.

- Desligue o aparelho ou coloque-o no *vibracall* quando entrar numa reunião ou estiver com um cliente. Se for imprescindível atender, avise antes.

- Não mande torpedos enquanto estiver conversando ou atendendo uma pessoa. Ninguém consegue manter a atenção em duas coisas ao mesmo tempo.

- Respeite os colegas ao lado, abaixe o toque, ou, se puder, coloque no *vibracall*. Faça isso, mesmo que o companheiro seja um amigão.
- Cuide da empolgação ao falar ao celular quando estiver em público. Falar ou dar risada alto mostra falta de noção de gentileza, respeito, educação. Parece que a pessoa, além de querer aparecer, não entende muito de etiqueta.

Para concluir: ao contrário da sua competência e criatividade, que devem ser usadas no limite, o celular exige moderação e bom-senso.

UM POUQUINHO DE HUMILDADE NÃO ATRAPALHA

Você já teve vontade de dizer claramente para alguém do trabalho que acha a pessoa um horror? Não vá dizer que nunca, porque é mentira!

Pois é, no dia a dia somos obrigados a conviver com pessoas que não têm nada a ver conosco e, ainda assim, nos manter calados.

São os "chatos de galocha", idiotas de plantão, os metidos a intelectuais e os que acham o máximo ser rústico. Para não falar dos arrogantes, dos histéricos e dos dedos-duros.

O difícil é que, nas empresas, parece que esses tipos dão cria e, por incrível que pareça, só sobra você de bacana. Mesmo não tendo nenhum motivo para duvidar de que seu nome esteja entre os pouquíssimos agradáveis de conviver, é sempre bom dar uma conferida.

Perguntar aos muito amigos se você às vezes é meio maçante, arrogante ou sei lá o que é sempre bom. Afinal, todos nós temos a tendência de achar que somos especiais, mas pode não ser verdade.

Quem nunca se questiona sobre o que os outros pensam sobre si não aprende e não melhora como pessoa.

Assim, antes de se considerar o "melhor biscoito do pacote", um conselho: dê uma checada para ver se isso é verdade.

Um pouquinho de humildade não tem nada de ruim!

UMA HISTÓRIA HORROROSA!

Um amigo, pessoa das mais educadas, conheceu, finalmente, a mulher dos seus sonhos. No trabalho. Convidado para um drinque na casa da moça, ficou feliz da vida e aceitou sem pestanejar.

No dia marcado, por motivo até hoje desconhecido, o amigo teve uma indisposição intestinal grave. Segundo ele, sentia-se como um balão inflado. Mas achou por bem não desistir do que prometia ser o desenlace feliz de anos de procura e solidão.

Assim que chegou à casa da futura amada, percebeu que seus problemas se agravaram, e os gases, segundo ele, começavam a exigir uma resposta satisfatória e rápida. O incômodo aumentou de tal forma que ele se viu obrigado a disfarçar e pedir para a moça um copo d'água, na esperança de ganhar tempo para se livrar do mal-estar.

Quando a moça saiu da sala, ele seguiu rápido para o jardim a fim de dar vazão ao problema. Porém, quando estava se concentrando, recebeu um abraço bem apertado pelas costas e... não deu outra. No susto, com um ruído ensurdecedor, segundo ele próprio, resolveu suas pendências ali, com a moça parada nas suas costas.

Quando terminou, virou-se para a moça e, sem dizer nenhuma palavra, foi-se embora para sempre. Até hoje nos perguntamos se ele tinha uma solução melhor... não sabemos, mas seria bom ouvir algumas.

CAPÍTULO 7
BEIJOS, APRESENTAÇÕES E APERTOS DE MÃO

BOM-DIA, BOA-TARDE E ATÉ LOGO AJUDAM NO RELACIONAMENTO

Caso você não tenha o hábito de cumprimentar efusivamente as pessoas, é bom começar. Está comprovado que, quando somos bem recebidos, com um sorriso estampado no rosto e palavras simpáticas, gostamos da pessoa.

Não é para dar uma de maluco e sair por aí falando palavras doces a torto e a direito, mas o negócio é não economizar na simpatia. Experimente. Se o mau humor pintar na jogada, dê uma boa respirada, pense em coisas positivas, deixe para lá e... sorria. Você vai ver que será impossível as pessoas não gostarem de você.

O BEIJO NO AMBIENTE DE TRABALHO

Cumprimentar com beijo no rosto é um hábito bem brasileiro, principalmente em situações sociais. Nós somos todos tão efusivos no cumprimento que, em alguns momentos, não beijar pode até parecer desprezo ou falta de atenção.

Mas esse hábito nem sempre segue a mesma regra. Quer exemplos? Você vai dar um beijo de cumprimento, e a pessoa esquece de avisar que está suada. O mesmo se pode dizer de quem vem com o bico de beijo e encosta na sua bochecha com os lábios molhados. Dá ou não o maior nojo? E quando no meio de uma missa de sétimo dia a pessoa chega atrasada e sai beijando todo mundo? Até na sala de aula existe o aluno que chega atrasado e, mesmo assim, sai beijando sem pudor todos os colegas que estão no caminho até chegar à sua cadeira.

Para resolver a dúvida, preste atenção no seguinte: beijo como cumprimento é simpático, mas tem hora.

Na faculdade, depois que a aula começou, está fora de cogitação, é grosseria para com o professor.

Na vida social, beija quem quer e aceita o beijo quem está disposto. Mas é sempre bom lembrar que a bochecha e a boca alheia têm dono; portanto, tenha cautela!

No ambiente de trabalho não se cumprimenta com beijo uma mulher ou homem que ocupam cargo superior, a menos que parta dela ou dele a intenção de beijar.

Para ter certeza de como agir, é bom prestar atenção na pessoa a quem se está sendo apresentado e tentar perceber o movimento do seu corpo. De modo geral, quando existe a intenção de beijar alguém, a pessoa inclina o corpo ligeiramente para a frente. Caso a pessoa não tenha dado esta pista, o melhor é aguardar para ver o que acontece. Desta forma, ninguém passa por ousado ou sem limites.

O BEIJA-MÃO

Embora esquecido, o beija-mão ainda é usado para cumprimentar senhoras e autoridades eclesiásticas. Manda a tradição que os leigos e o clérigo de nível inferior, quando apresentados a um bispo, beijem a mão dele.

De fato, o que é beijado é o anel que simboliza a autoridade eclesiástica. Algumas situações do cerimonial católico exigem, principalmente quando o cumprimento é dirigido ao papa, que a pessoa, simultaneamente ao beijo, flexione um dos joelhos. Se o cumprimento for feito em pé, ela deve se curvar.

Como não se beija uma mão enluvada, quando a autoridade eclesiástica tem de usá-las o anel é colocado no dedo por cima da luva. Mas não se deve tocar a pedra com os lábios.

Caso um homem decida beijar a mão de uma mulher, é bom lembrar que ela deve ser casada. Beijar a mão de uma mulher solteira é deslize sério.

O beijo na mão demonstra respeito e admiração, mas deve ser um gesto rápido e, de modo geral, é iniciado pela mulher que estende ao homem a mão para ser beijada. Mas existem algumas regrinhas para acontecer o beija-mão:

- Se houver um grupo de mulheres, o homem não é obrigado a beijar a mão de todas. Pode, por exemplo, escolher as mais velhas ou aquelas que ele conhece melhor, ou, ainda, a que lhe está mais próxima; em seguida, apertar a mão das outras.
- Este cumprimento não pode ser praticado em local público aberto ou descoberto, como praia ou locais esportivos.
- Esta é uma forma de cumprimento que deve acontecer em locais cobertos ou, excepcionalmente, em recinto aberto, porém íntimo, como o terraço da casa, um jardim fechado ou um clube muito exclusivo.

Talvez você nunca tenha de beijar a mão de alguma senhora ou de uma autoridade eclesiástica, mas é sempre bom estar preparado, pois sobre o futuro... ninguém sabe!

APERTO DE MÃO: INDÍCIO DA PERSONALIDADE DA PESSOA

O aperto de mão é um gesto usado para mostrar que se concorda com as ideias da outra pessoa, com a qual se tem amizade, afinidade e confiança. Embora seja um ritual mais do que banal no momento de uma apresentação, este gesto pode ser a diferença entre uma boa ou má impressão.

Nos negócios, o aperto de mão é usado para selar acordos, parabenizar alguém pelo sucesso, dar provas de simpatia e em várias outras situações. Por isso, deve ser feito da maneira correta.

Pessoas muito simples ou tímidas costumam cumprimentar com a mão frouxa. Já os muito vigorosos apertam a mão do outro com tanta força que, muitas vezes, até machucam. Tanto um como outro estão errados.

O aperto de mão deve ser dado com a mão firme, porém sem muita pressão. Lembre-se de manter o corpo a uma distância tal que permita entregar a mão inteira, e não somente as pontas dos dedos, para ser apertada. Manter contato com os olhos também causa boa impressão.

Para as mulheres, um aperto de mão firme é ainda mais importante. Segundo pesquisas,[1] mulheres que apertam a mão com firmeza são vistas como mais confiantes, capazes e determinadas; portanto, causam melhor impressão do que as que dão a mão flácida para o cumprimento.

Pensando nisso, não erram as inteligentes, que sabem apertar a mão das pessoas corretamente. Para os homens, nem se fala.

Para quem não tem certeza de que esteja cumprimentando de forma correta, basta pedir ajuda a uma pessoa de confiança e iniciar um ensaio.

O que não se deve fazer:

- Apertar com muita força a mão de alguém. Além de machucar, não é bom. Mas a mão também não pode ser flácida, como se a pessoa estivesse morrendo.
- Cumprimentar com a mão suja. É um nojo só. Mão suja de gordura nem pensar; poupe o outro desse desgosto.
- Cumprimentar com a mão molhada de suor. Apenas se, naquele momento, estiver se vingando de quem está saudando.
- Dar a mão para uma pessoa que está hospitalizada. O ideal é cumprimentá-la com um gesto e palavras amigáveis.

---

[1] DEMARIS, Ann. *A primeira impressão é a que fica*. Rio de Janeiro: Sextante. 2005.

DESCUBRA O JEITO CERTO DE APRESENTAR PESSOAS

No dia a dia, costumamos ser bastante informais quando precisamos apresentar uma pessoa a outra. Mas é bom saber que, nos eventos das empresas e nas situações sociais de maior peso, existem regras que devem ser respeitadas.

Vamos lá?

- Ao apresentar alguém muito importante, devemos usar de formalidade. A apresentação deve acontecer da seguinte forma: "Senhor Carlos Antunes, apresento-lhe o Cel. José de Abreu", ou "Senhor Carlos Antunes, tenho o prazer de lhe apresentar o Cel. José de Abreu" ou simplesmente dizer o nome dos envolvidos: "Senhor Carlos Antunes, Cel. José de Abreu".
- Num evento com muito protocolo, dois convidados podem se apresentar mutuamente, citando apenas os nomes, sem título.
- Jamais diga: "Encantado!". O correto é dizer apenas: "Como vai?", "Como está?" ou "Muito prazer!".
- Ao apresentar a esposa, o correto é falar: "Minha mulher". Por exemplo: "Senhor Antônio, esta é Clara, minha mulher"; o mesmo para a mulher: "Este é o meu marido".
- O mais jovem deve ser apresentado ao mais velho. O homem deve ser apresentado à mulher. Quem deve tomar a iniciativa de estender a mão e dizer "Como vai?", "Como está?" é a pessoa mais importante, mais idosa, ou a mulher.
- Quem estiver de luvas deve tirá-las no momento do cumprimento.

SENHORA, DONA OU VOCÊ?

Uma tremenda confusão: quando chamar uma mulher de senhora? E dona? E de você?

Embora para nós, brasileiros, essa mistura de tratamento não seja considerada deslize ou falta de educação, a regra que deve prevalecer é a do bom-senso.

No trabalho, todas as colegas da mesma hierarquia podem e devem ser chamadas de você. Com exceção, é claro, das senhoras com mais idade – cabelos brancos, rosto com ruguinhas – e as que usam bengala, por causa da idade avançada.

As de hierarquia superior devem, pelo menos num primeiro momento, ser chamadas por "Dona Fulana" ou "Senhora". Caso a mulher considere isso desnecessário, partirá dela o pedido para abrir mão da formalidade: "Por favor, me chame de você!".

Exemplos a serem seguidos: "Dona Fulana, a senhora quer que mande o boy entregar isto?", "Muito prazer, eu já tinha ouvido falar na senhora" ou "A senhora aceita um copo de água?".

As de hierarquia inferior podem ser questionadas se preferem ser chamadas de Dona Fulana ou pelo nome. Se a mulher abrir mão da escolha, chame-a de você.

Considerando que no Brasil as pessoas não são muito propensas ao protocolo e, por isso, as regras não são claras, corremos o risco de, com determinadas mulheres, cometer deslizes.

Caso alguma senhora se sinta ofendida por ser chamada de "senhora", é sinal de que ela desconhece as regras de etiqueta. O problema, neste caso, é apenas dela.

Seja como for, caso tenha que falar com uma senhora que esteja vestida como uma mocinha, chame-a logo de você, senão ela será capaz de se ofender!

Mas o que não se deve realmente fazer é chamar qualquer uma de "linda", "menina", "fofinha", "gostosa", "anja" ou "querida", apenas por ser considerado tratamento de mau gosto.

"PREZADO" QUEM?

Todos os dias as pessoas trocam algum tipo de informação através de cartas, *e-mails* ou recados. Acabam cometendo pequenas indelicadezas que, apesar de não serem graves, não contam ponto positivo.

Muitas pessoas se esquecem, ao escrever a palavra "Prezado" ou "Prezada", de colocar o nome de quem vai receber a informação que segue.

"Prezado" ou "Prezada" devem, invariavelmente, vir seguidos de um nome ou da palavra Senhor ou Senhora, se não se tratar de pessoa conhecida.

Se a pessoa que vai receber a mensagem for próxima, o "Prezado" pode ser seguido por "amigo" ou "colega". Para quem não quiser usar de formalidades, pode empregar "Olá" ou "Oi", acompanhado do nome da pessoa.

A única forma proibida é o emprego de "Prezado" desacompanhado.

O texto, então, deve ficar assim: Prezado Senhor Fulano; Prezada Senhora; Prezado amigo; Prezado colega; Meu caro fulano; Meu caro; Olá, Hugo; Oi, Patrícia.

REZA BRAVA NÃO AJUDA A LEMBRAR O NOME DAS PESSOAS

Se há uma coisa aborrecida na vida é ser abordado por uma pessoa e não conseguir lembrar seu nome.

Nessas ocasiões, não adianta reza brava ou mandinga. O problema deve ser resolvido na hora.

Mas um amigo, personagem divertida e querida, nos ensinou uma tática excelente para não deixar a "peteca cair" em caso de "memória curta" e "saia justa".

Segundo ele, quando você olhar para alguém e não tiver a mínima noção de quem se trata, é só ir conversando normalmente e de repente falar *numa boa*: "Acho que eu conheci um xará seu num bate-papo na *web*, mas, afinal, qual é mesmo o seu nome completo?".

Esse amigo garante que a resposta vem com o nome inteirinho. Como ele não está acostumado a mentir, fica aqui uma dica para os que, apesar de jurarem ter uma memória boa, teimam em esquecer o nome das pessoas.

GENTE BOBINHA

Numa festa de amigos fomos apresentados pela décima quinta vez a um sujeito que faz questão de não nos reconhecer.

O dono da festa, simpaticíssimo, perguntou: "Vocês se conhecem?" e, antes de respondermos qualquer coisa, ouvimos, em alto e bom som: "Não, mas muito prazer".

Não é preciso dizer que o sentimento de mal-estar vem acompanhado pelo pensamento: "Que palhaço! Desde 1981 somos apresentados a ele!".

Desta vez, porém, Hugo, ao estender a mão, respondeu sorrindo: "Você deve ter um problema grave de memória, porque é impossível que, depois de ser apresentado tantas vezes para a mesma pessoa, não consiga se lembrar dela!".

O engraçado foi ver as pessoas em torno de nós assustadas, pois não esperavam este comportamento num ambiente festivo, ainda mais partindo de alguém que só fala sobre etiqueta. Mas a verdade é que não é difícil confundir educação com falta de crítica ou medo de se posicionar e deixar que os outros lhe faltem com o respeito.

No mundo profissional, é possível que sejamos obrigados a "engolir alguns sapos", mas, no convívio social, nada obriga que se tolere falta de consideração ou memória intencionalmente fraca.

É preciso pensar que, quando vamos repetidas vezes à casa de um amigo e nos confraternizamos com os convidados, podemos voltar a encontrá-los em outras oportunidades. Assim, antes de se apresentar novamente, é prudente fazer um esforço de memória para não cometer deslizes.

Quando nos lembramos da pessoa a quem fomos apresentados, deixamos claro que, de alguma forma, ela foi importante. Já o não se lembrar de alguém mostra que não valeu a pena fazer qualquer esforço para reter a imagem daquela pessoa.

Está claro que, em algumas circunstâncias, vamos ter um lapso de memória, mas para o não reconhecimento sistemático de alguém não existem desculpas. Trata-se de total falta de educação. Ser educado não tem nada a ver com aceitar o deboche dos outros e a falta de memória persistente e propositada. Educação também tem limites e, em determinadas situações, é preciso ser assertivo.

Deste modo, mesmo tendo sido de forma pouco ortodoxa, quem sabe este infeliz desmemoriado tenha aprendido a lição e, numa próxima vez, simplesmente estenda a mão e diga: "Como vai?".

CAPÍTULO 8
REFEIÇÕES E NEGÓCIOS

PARA COMER COM ELEGÂNCIA NÃO É PRECISO TER UMA AVÓ CHATINHA

Apesar de toda a aura de contemporaneidade dos dias de hoje, saber comportar-se à mesa ainda é referência de pessoas bem-nascidas.

Para os que ignoram a expressão "Tomou chá com a avó", é bom saber que as pessoas que teoricamente "têm berço" tiveram uma avó chatinha e bem "fresca" que ficava o tempo todo chamando a atenção para os netinhos se comportarem bem na hora de comer.

Pode parecer piada, mas, ao olhar uma pessoa comendo, é possível perceber se ela teve uma educação esmerada ou não. Entretanto, mesmo os que não tiveram a tal avó chatinha podem aprender como se portar à mesa e passar fácil por um aristocrata experiente.

Para facilitar as coisas e entender a diferença, a sugestão é começar assistindo ao filme *Titanic*.

Para quem não se lembra da história: a mocinha rica convida um pobretão bonito (que literalmente entra na "maior fria" no final do filme) para o desprazer de jantar com os chiques e poderosos do navio.

Apesar de a história retratar uma época e a forma, desumana, de ser dos poderosos, a maneira correta de sentar-se à mesa, lidar com os talheres e de comer não mudou.

Sentar-se corretamente começa por arrastar a cadeira sem barulho para, em seguida, sentar-se com o corpo reto, mantendo as pernas sob a mesa.

Nada de ficar mexendo os pés ou chacoalhando as pernas. O guardanapo deve ser tirado da lateral ou de cima do prato no início da refeição para ser colocado sobre as pernas, de onde sai para limpar a boca, retornando ao colo da pessoa logo em seguida.

É o jeito de segurar os talheres que acaba "dedando" os que não têm tarimba. Segurá-los com delicadeza, e não como se fossem uma pá, faz a diferença.

São comportamentos dificílimos de explicar através da escrita, mas fáceis de observar. Tanto no filme *Titanic* quanto no bonitinho e já envelhecido *Uma Linda Mulher* podemos entender como tudo funciona. Para completar, é bom assistir ao filme *A máscara do Zorro* com Antonio Bandeiras, para quem Anthony Hopkins dá uma aula impecável sobre como agir para ser elegante.

Para não deixar o navio ir a pique, é importante mastigar com a boca fechada, senão fica claro perceber que a avó não foi nada atenta.

NA MESA DE REFEIÇÕES, O ELEGANTE É O HOMEM LEVANTAR-SE PARA A MULHER

Um colega de trabalho contou que foi a um jantar de negócios e num dado momento uma das mulheres sentadas à mesa levantou-se para ir à toalete. Ao fazê-lo, dois homens que compunham o grupo também se levantaram e a moça, assustada, perguntou: "Aconteceu alguma coisa?". Perplexo, um dos homens respondeu delicadamente: "Não se preocupe, é apenas uma gentileza".

Para os homens, o ato de se levantar para uma mulher é um gesto elegante e demonstra deferência. Portanto, encare com normalidade se for a única mulher de uma mesa e todos os homens se levantarem para cumprimentá-la.

Para arrematar, quando sentados em volta de uma mesa, o homem deve se levantar sempre para a mulher que chega ou se retira, e o mais importante é que ele só volte a se sentar após a mulher também se sentar ou sair de cena. Numa mesa de reuniões, considerando que no ambiente de trabalho prevalece a hierarquia, esse comportamento é opcional e deve, neste caso, ser comandado pelos homens sentados à mesa.

"DESATENTOS DE PLANTÃO": EMPURREM A CADEIRA

Para "os desatentos de plantão", uma dica é nunca se esquecerem de empurrar a cadeira de volta ao lugar ao deixarem a mesa.

Tanto faz se for numa reunião ou depois da refeição. O correto é devolvê-la para a posição inicial. Esse procedimento evita que a cadeira atrapalhe o serviço ou a movimentação dos que também estão deixando o local.

COTOVELOS NA MESA

Os hábitos estão mudados, mas, ainda assim, é preciso manter certa postura quando estiver sentado à mesa de refeição ou de reunião.

Manter os cotovelos apoiados na mesa, dependendo da circunstância, não fica bem, até porque parece que a pessoa vai avançar sobre a outra.

O correto, se estiver comendo, é manter os cotovelos sem apoiar na mesa. Em seguida, na hora do cafezinho, dependendo do local e da conversa, a regra pode mudar.

Na mesa de reunião o procedimento é o mesmo: dependendo do que está sendo falado e de quem está à frente, é permitido ou não apoiar os cotovelos. Nestas horas, é importante bom-senso e atenção para a postura das pessoas que compartilham a mesa. Se o grupo estiver relaxado e com a "guarda baixa", pode esquecer o que "manda o figurino"; caso contrário, mantenha os cotovelos fora do alcance dos olhos de quem estiver sentado à mesa.

SOBRE GUARDANAPOS: HISTÓRIAS E CONSELHOS

Quando se está sentado à mesa de refeições, saber um pouquinho de história pode ajudar a entreter, enquanto assuntos mais sérios não são discutidos.

No caso do guardanapo, a conversa pode ser interessante. O pedaço de pano começou a ser usado na Idade Média para que as pessoas não limpassem a boca na toalha e as mãos nos cachorros e gatos que circulavam perto das mesas; mas só ganhou popularidade a partir de 1800.

Considerado como uma peça valiosa, era deixado de herança nas famílias importantes e penhorado quando era preciso levantar uma *graninha* extra.

O guardanapo considerado correto para ser usado durante as refeições deve ser de tecido e de forma quadrada, mas com as exigências de uma vida mais prática pode-se utilizar o de papel, desde que ele seja macio e de boa qualidade.

Usado como uma medida de higiene e proteção das roupas, a maneira como é manejado mostra se uma pessoa é bem-educada ou não. Para não haver dúvidas, algumas dicas:

- ◆ O guardanapo deve estar colocado sempre à esquerda do prato.
- ◆ Ao sentar-se, pegue o guardanapo e coloque-o aberto no colo.
- ◆ Antes de qualquer bebida, limpe a boca com o guardanapo. Borda de copo suja de gordura é muito feio.
- ◆ Caso o guardanapo caia no chão no restaurante, peça outro para o garçom. Se isto acontecer na casa de alguém, abaixe-se com cuidado para não incomodar quem está ao lado, pegue-o e volte a comer tranquilamente.
- ◆ Se houver, dentro do guardanapo de pano um outro de papel, ele deve ser usado para as mulheres limparem o batom. Embora não seja correto usar este recurso, é bom estar preparado.
- ◆ Não use o guardanapo para limpar o nariz ou o rosto em caso de urgência; o correto é se levantar e ir ao banheiro.

- Deixe o guardanapo sem dobrar, em cima da mesa, no final da refeição.
- Se o serviço for bufê, deixe o guardanapo sobre a mesa quando for se servir e torne a colocá-lo sobre o colo ao retornar.
- Alguns restaurantes disponibilizam toalhinhas quentes para limpar as mãos. Não limpe o rosto, elas devem ser usadas apenas nas mãos!
- Restaurantes e casas particulares às vezes deixam o guardanapo enfiado numa espécie de anel, o porta-guardanapos. Tire-o da argola para usá-lo e não o recoloque ao término da refeição.
- Se o prato for macarrão ou qualquer outro alimento com muito molho, não é feio proteger a roupa com o guardanapo.
- Quando for servido algum alimento para ser comido com as mãos (alcachofra, aspargos e ostras), é preciso oferecer uma vasilha com um pouquinho de água morna e umas gotinhas de perfume (lavanda) ou limão para lavar as pontas dos dedos.
- Para os homens desatentos e acostumados a sujar a gravata, é permitido colocar o guardanapo no colarinho na hora de comer macarrão ou outra delícia com molho. Mas preste atenção: num almoço formal, é melhor manter o guardanapo no colo e tomar cuidado; no dia a dia prenda o guardanapo no colarinho, pois não há problema algum.

SOCORRO! APARECEU UM ET NO MEU PRATO!

Existe coisa mais nojenta do que encontrar um "ETzão" no meio da comida?

Sabe do que estamos falando, não é? Pedrinhas no meio do arroz, larvinhas na alface, fio de cabelo no feijão e outras coisas nojentas. É uma situação que nos faz perder a fome. Mas, mesmo prestes a sofrer um enfarto, se estiver acompanhado de outra pessoa é preciso manter a pose.

Imagine só se numa mesa alguém resolve "abrir o bico". Além do nojo compartilhado, provavelmente vai haver confusão. Então, o que fazer?

O correto, se o evento fatídico acontecer num restaurante, é chamar o garçom do lado, explicar em voz baixa o que aconteceu e pedir para mudar de prato. O restaurante vai ter todo o interesse em aceitar a devolução da comida, porque ninguém é tolo a ponto de querer a Secretaria de Higiene batendo à porta depois de um telefonema.

Se quem está ao lado perceber, o correto é tentar minimizar e dizer que havia uma "coisinha" na comida. Fazer escândalo é a única coisa que não é aceitável, pois se todos ficarem com nojo, terão de se levantar e buscar um outro local para fazer a refeição, o que nem sempre é fácil.

Sabe aquele provérbio, "O que os olhos não veem o coração não sente"? Serve muito bem quando se vive uma situação como esta em grupo. Agora, se estiver sozinho... desde que não seja aos berros, pode acabar com o restaurante.

Mas, se isto acontece na casa de alguém, o correto é colocar o "ETzão" de lado. Se for um fio de cabelo, tire disfarçadamente do prato e, em qualquer situação, tente terminar o que está servido no prato.

Caso a dona da casa perceba, diga que é uma besteirinha e continue sem fazer confusão. Ser elegante exige, às vezes, algum sacrifício.

FALE BAIXO NO RESTAURANTE

Você já tentou conversar num restaurante quando a mesa ao lado é composta por uma família com crianças ou um grupo de amigos animados? É difícil, não é?

Dependendo da mesa, é simplesmente insuportável. Há pais e adultos que acreditam que o mundo é obrigado a participar da *choramingação* ou do entusiasmo da *galera*. Alguns grupos falam tão alto que não poderiam reclamar se a mesa ao lado interferisse na conversa.

Quem se comporta desta forma deveria saber que é falta de respeito e consideração com quem divide o mesmo espaço naquele momento. A nota para quem faz isso é... melhor não falar!

COITADINHA DA FLOR...

Se existe uma coisa que incomoda é a maldade que as pessoas fazem com as flores e velas que servem de arranjo na mesa durante a refeição.

Na hora da conversa, em vez de falar para o outro o que pensa, a pessoa vai despetalando as flores ou cutucando as velas.

No final, acontece o óbvio: a coitada da flor ou a coitada da vela, que não tinham nada a ver com a conversa, transformam-se em um montinho de lixo que, além de enfear a mesa, deixa claro que quem age assim não é lá muito equilibrado.

Caso esta atitude seja uma compulsão, procure não deixar ninguém perceber, porque, pelo menos na vida profissional, esse comportamento, além de pouco elegante, é malvisto.

PEGUE LEVE COM O GARÇOM

Há pessoas que adoram ser grosseiras com o garçom. Pedem sem olhar nos olhos da pessoa, brigam quando alguma coisa sai errada e gritam quando se sentem maltratadas.

Mesmo que tenham toda a razão para perder a paciência, o sensato é usar dos direitos de cliente sem humilhar ninguém. A culpa de fato é do proprietário do restaurante, que mantém trabalhando alguém que não foi treinado ou que não tem aptidão para a função.

Assim, se tiver de reclamar, não perca a compostura. Lembre-se de que a pessoa que está prestando o serviço é humana como você!

A POSIÇÃO DOS TALHERES INDICA O FINAL DA REFEIÇÃO

Quando somos convidados para uma refeição, não é preciso avisar verbalmente ao garçom nem à dona da casa que terminamos a refeição. Basta deixar os talheres na posição correta que o responsável vai entender a hora de tirar os pratos.

Alguns se admiram quando deixam os talheres no meio do prato e o garçom se apressa em tirá-lo, mesmo que o convidado não tenha terminado a refeição. O garçom age desta forma porque a posição dos talheres tem significado.

Quando são colocados juntos sobre o prato, entende-se que a refeição terminou. Para evitar confusão, quando se pretende continuar a comer, o correto é apoiá-los na borda do prato, e não deixá-los no meio.

COMIDA ESPALHADA NO PRATO: SINAL DE DESCONTROLE

Não existe nada mais confuso e feio do que deixar a comida espalhada no prato. Por isso, lembre-se de juntar os alimentos no meio do prato, sem fazer barulho, à medida que for comendo.

Embora esta seja uma questão puramente estética, o que está em jogo é a percepção de quem está olhando.

Lembre-se: competência social é preocupar-se em como diminuir o ruído de comunicação nos nossos comportamentos e atitudes. Um prato desorganizado pode sugerir descontrole e falta de cuidado.

Para quem não acredita, existe apenas um jeito: pergunte para quem é muito próximo e querido se faz diferença quando a pessoa olha a comida organizada no prato ou espalhada por ele todo.

VOCÊ COME COM CUIDADO?

Nunca reparou nisso? Então passe a prestar atenção. Ao mastigar, algumas pessoas lembram bichos comendo. Fazem tanta careta e tanto barulho que acabam ficando com o rosto distorcido.

A forma como uma pessoa come pode causar considerável estrago em sua imagem; por isso, é bom ficar atento a alguns detalhes:

- Mantenha a boca fechada ao mastigar. Quando se age dessa forma, o barulho durante a mastigação é quase imperceptível.
- Não assopre a sopa, a comida ou a bebida, se estiverem quentes. Espere pacientemente até que esfriem, mas sem ficar mexendo como se estivesse fazendo um bolo.
- Beba qualquer líquido em pequenas quantidades de cada vez. Ao engolir rápido, além do barulho de *glub*, *glub*, *glub*, a pessoa corre o risco de engasgar.
- Não faça bochechos com o líquido. É sempre feio. Quando puser um líquido na boca, beba-o, não o deixe ficar passeando.
- Não se esqueça de virar a cabeça para o lado e colocar a mão na frente da boca se precisar tossir ou espirrar.

ALMOÇO COM COLEGAS PODE SER DIFÍCIL

Um *e-mail* de um leitor desesperado trazia o seguinte comentário: "Trabalho há um ano numa empresa e almoço quase todos os dias com um grupinho do escritório. Mas há uma colega que, além de falar mal dos outros, come com a boca aberta. Fico com muita raiva dela e o pior, com nojo, porque sou obrigado a ver o que se passa com a comida enquanto ela mastiga. O que eu faço?".

Infelizmente, colegas de trabalho nunca são perfeitos como companhia para o almoço. Alguns falam demais, outros comem demais ou de menos, outros, ainda, parecem bichos quando comem. É mesmo difícil encontrar aquele que, além de boa companhia, prima pela boa educação.

O fato é que falar mal das pessoas é uma das maneiras mais fáceis de perder a credibilidade e a confiança de quem nos cerca. Ninguém fica muito à vontade quando sabe que, pelas costas, a pessoa com quem convive diariamente vai "meter a lenha" em tudo o que os outros fazem ou dizem.

Da mesma forma, ter de fazer uma refeição com alguém comendo de boca aberta é mesmo desagradável. Se a pessoa incomodada comentar o problema, corre o risco de magoar e deixar o grupo constrangido; mas não é nada fácil aguentar a situação quieto.

Para solucionar o impasse, o conselho é lançar a conversa como quem não quer nada; desta forma, quem sabe o colega percebe. Caso contrário, não há jeito. O melhor é abrir mão do grupo e sair para almoçar sozinho. Não vale a pena interferir em algumas situações. Neste caso em especial, muitos poderiam não entender e achar o comentário descabido.

BEBIDAS E CLIENTES

Se tiver de convidar ou aceitar um convite para almoçar com um cliente, preste atenção no pedido da bebida.

Se o cliente não toma nada alcoólico, não peça vinho ou caipirinha. Mas, se ele gosta de tomar uns "birinights" é bom acompanhá-lo, mesmo que apenas molhando os lábios na bebida.

A única proibição: beber mais do que um copinho, se for um almoço de negócio. O álcool atrapalha o raciocínio e baixa a guarda, o que não ajuda em nada a nenhuma das partes. Um cliente arrependido é sempre um depoimento negativo.

NO RESTAURANTE, NÃO ANDE COM SEU DRINQUE

Num restaurante, se pedir um drinque no bar e o *maître* avisar que a mesa está pronta, não saia andando com o copo na mão. Manda a etiqueta que se deixe os copos ainda com bebida para que sejam levados à mesa pelo garçom. Numa festa, coquetel ou balada é diferente.

A ARTE DE PASSAR MANTEIGA NO PÃO

Passar manteiga no pão é uma ciência que, para dar certo, é preciso respeitar as etapas do processo.

Pegar uma fatia ou um *pedação* de pão e forrar com um *montão* de manteiga não é elegante.

O correto é fazer as coisas em etapas, respeitando a seguinte sequência:

1. Pegue a fatia de pão ou o pãozinho.
2. Corte, com a mão, um pedaço pequeno; não corte o pãozinho do *couvert* com a faca.
3. Pegue, com a faca, a manteiga suficiente para aquele pedacinho que foi separado.
4. Não se esqueça, enquanto corta o pão, de deixar a faca apoiada no prato. Segurar a faca e ao mesmo tempo cortar o pão com as mãos é feio.

Para terminar, mesmo que esteja com uma fome horrorosa, coma devagar; além de ser mais elegante, evita que a pessoa pareça não ter controle de si. Competência social é mostrar que tudo está sob controle, até a fome.

OLHA O SANDUÍCHE NO COUVERT!

Na hora da fome é muito difícil manter a pose e agir como manda a etiqueta. Mesmo assim, é preciso ser firme. Se a opção é ser elegante, não há fome ou desculpa para não agir corretamente.

Mesmo com um desejo intenso de comer, o importante é não fazer sanduíches de pão com manteiga ou com as pastinhas servidas no *couvert*.

CANAPÉS MALCHEIROSOS SÃO UMA PRÉVIA DO INFERNO

Quem já participou de um coquetel no qual são servidos canapés com alho, queijo gorgonzola ou cebola vai concordar que, no final do evento, o hálito das pessoas lembra uma prévia do inferno. Aquele aglomerado de pessoas rindo alto, bebendo e falando com um hálito de dar dó é o "fim da picada".

Um anfitrião que serve este tipo de canapés deveria ser passível de prisão por poluição ambiental.

Se você estiver participando de um coquetel em que são servidas comidinhas deliciosas, mas malcheirosas, o conselho é: "Não coma!". Tenha pena de quem terá de conversar com você nessa noite. Caso não acredite no efeito nefasto de tais canapés, observe um grupo conversando enquanto as pessoas comem essas iguarias. Dez minutos depois não há mais ninguém pertinho um do outro ou olhando olho no olho. Duvida?

O MIOLO E A FALTA DE ASSERTIVIDADE... UMA HISTÓRIA TRISTE

Era para ser um jantar inesquecível. O primeiro com o presidente da companhia e, ainda, na casa dele. Sapato novo, a mulher elegantemente vestida, presentinho na mão para a dona da casa... Tudo inspirava uma noitada que daria início a uma mudança na vida profissional. Na chegada, a recepção foi de primeira qualidade. Casa linda, champanha e aperitivos deliciosos, até que chegou a hora do jantar.

Na mesa, arrumadíssima, os talheres indicavam dois pratos: sopa de entrada e uma carne ou frango como prato principal. Para a sobremesa, só poderia ser sorvete ou uma musse, porque, acima do prato, havia uma colher.

De fato, não houve engano: na entrada, um *consommé* delicioso, vinho bom e, na hora do prato principal, anunciado como especialidade da dona da casa, uma surpresa "Miolo à La Creme".

Para o casal, o anúncio soou como um decreto de morte. Com os olhos arregalados e sem saber o que fazer, os dois convidados perguntaram simultaneamente: "Isto é miolo?". A resposta veio de pronto e do presidente: "Não é mesmo uma delícia?".

Não é preciso dizer que os dois foram comendo calados e, para tanto, entre uma garfada e outra, enchiam a boca com o vinho, fartamente servido.

Quando finalmente terminaram, sentiam-se tontos e enjoados. A mistura de miolo e vinho acabara provocando um estrago no estômago dos dois. Mas o que eles podiam fazer? Na verdade muito pouco, uma vez que o erro foi da dona da casa, ao servir um prato de gosto tão peculiar.

Quando se recebe uma pessoa para almoçar ou jantar, deve-se evitar servir alimentos que não sejam usuais e, caso isso aconteça, deve-se providenciar uma opção.

Para quem se vê numa situação como esta, o correto, se não houver outro jeito, é servir-se de tudo um pouco e, sem fazer alarde, comer apenas os acompanhamentos. Caso seja questionado se não gostou, é só responder: "Delicioso, mas eu já comi o suficiente!", e *fim de papo*!

ACEITA UM CAFEZINHO?

Todos os dias, milhares de pessoas aceitam tomar um cafezinho com alguém. É um momento que serve para dar início a uma conversa delicada ou apenas descontrair.

Normalmente, o café é oferecido em detestáveis e práticos copinhos de plástico, ecologicamente incorretos. Mas, quando é servido na xícara, há pessoas que ficam bem atrapalhadas. Colherinhas caem no chão, pires ficam tortos enquanto a xícara vai até a boca, assopradinhas são dadas para esfriar o líquido e dedos são esticados, ameaçando espetar todo mundo que está à frente.

Para terminar de uma vez com essa confusão, vamos a algumas dicas para ninguém se atrapalhar na hora de aceitar tomar uma xícara de café:

- Para começar, quando a pessoa escolhe tomar o café com adoçante, nem sempre quem serve faz a gentileza de oferecer a xícara com o adoçante já servido. Então, o correto é fazê-lo sobre a xícara, para não correr o risco de, ao abrir o envelope, o conteúdo voar.
- Mexer o café é uma arte oriental. Requer atenção e delicadeza para a colher não bater nas paredes da xícara e fazer barulho.
- Depois de mexer, nada de dar aquelas batidinhas para não deixar as gotinhas que sobraram na colher sujarem o pires.
- O correto é colocar o pires na mão esquerda e pegar a xícara com a mão direita. Caso a pessoa seja canhota, pode realizar a ação ao contrário. Com o dedão que está segurando o pires prenda a colherinha. Assim, não será "pego de calça curta", deixando que ela caia no chão ou avance para o meio do pires.
- Um detalhe sobre o saquinho de adoçante: caso não haja um lugar para colocá-lo depois de aberto e usado, deixe-o permanecer, até final do café, no pires.
- Não se esqueça: ao levantar a xícara para beber, não levante o dedinho. Não é elegante como muitos pensam. O certo é manter todos os dedos segurando a alça da xícara.

Gente inteligente sabe que, para fazer negócio, é preciso aproximar o cliente, "baixar a guarda" e criar um clima amistoso. Um cafezinho, um chá ou um suco servem para este propósito.

PALITAR OS DENTES... QUE FEIO!

No século XV, palitar os dentes era um ato bem-aceito socialmente, até que alguns filósofos começaram a questioná-lo, a criticá-lo e a advertir as pessoas sobre esta conduta. Daí para a frente, palitar os dentes à mesa, no final das refeições, começou a ser considerado comportamento deselegante, falta grave de educação, apesar de alguns insistirem em dizer que é normal.

O correto, quando se está em apuros, é levantar e dar uma chegada ao banheiro para dar cabo do suplício. Hoje, os banheiros dos restaurantes e das casas elegantes disponibilizam um verdadeiro arsenal para dar conta de fiapos de manga, pedacinhos de carne, piruás e outros invasores malvistos.

O PROBLEMA DAS AZEITONAS COM CAROÇO

Uma amiga contou que, num churrasco da empresa do marido, tudo caminhava *como manda o figurino* até que um casal superbonachão e simpático, ele gerente financeiro, chegou para arrasar a confraternização.

Além de se fazerem acompanhar do cachorrinho de estimação, segundo ela uma graça, estimularam os presentes a participarem de um competitivo arremesso de caroços de azeitonas na grama.

Segundo ela, foi hilário ver aquele grupo de adultos divididos em equipes, brincando de cuspir azeitonas longe e, pior, abraçando-se e vaiando de acordo com o resultado.

Na verdade, ela só contou o episódio porque notou que a maioria dos convidados não sabia exatamente como proceder para pegar as azeitonas, se com a mão ou com o palito, e o que fazer com os caroços.

Para esclarecer esta dúvida, o correto é o seguinte: se as azeitonas não estiverem embebidas em azeite, pode-se pegá-las com a ponta dos dedos ou, se preferir, com o palito. Caso contrário, fica a critério do freguês: pegá-las com o palito ou com o garfo. Mas, para tirar o caroço da boca, o melhor é usar a ponta dos dedos, pegando-o e colocando-o no pratinho de pão. O certo mesmo é não servir azeitonas com caroço em nenhuma circunstância.

Para terminar, um conselho irritante, mas necessário: brincar de cuspir caroço de qualquer espécie, apesar de superdivertido, não é elegante e, para este comportamento, não existem atenuantes.

UMA ENGASGADA NO PLANALTO: UMA HISTÓRIA DIFERENTE!

Lá pelos idos de 1965, quando o Presidente da República era o Marechal Humberto de Alencar Castello Branco, homem sério e pouco chegado a comportamentos fora do padrão, um jantar no Planalto causou grande confusão.

Estavam à mesa de jantar figuras ilustres e, entre elas, uma senhora distinta e reconhecidamente muito fina. Para o deleite dos convidados, o "rega-bofe" encomendado era repleto de iguarias bem brasileiras: lombinho com farofa e outras delícias dignas da ocasião.

Durante o jantar, servido à francesa[1] como mandam os grandes eventos, aquela senhora fina, sentada ao lado do Presidente, provou da farofa e engasgou de forma incontrolável.

Percebendo o perigo que corria a comensal, o Presidente apressou-se em socorrê-la, a fim de salvá-la do infortúnio. Como se os astros estivessem orquestrados para o mal, a farofa da boca da tal senhora foi parar direto no rosto do Presidente.

Conta a história que o silêncio foi sepulcral. Ninguém sabia exatamente o que fazer no momento, até que o Presidente limpou o rosto e a roupa e, cheio de graça, falou em alto e bom som: "Se a senhora não gostou da farofa, era só deixar no prato", e continuou comendo como se nada tivesse acontecido.

Os outros comensais aplaudiram entre gargalhadas e, mesmo desconcertada, a senhora entendeu o recado, limpou-se da farofa e, sorrindo, continuou comendo, também, sem nenhuma alteração.

Elegante, não? Caso aconteça algo parecido com você, torça para que a vítima tenha tanta competência social quanto mostrou o Presidente Castello Branco. Caso contrário, peça desculpas e, da mesma forma, continue comendo.

OPEN HOUSE

Open house significa casa aberta em inglês. É um evento descontraído, para o qual os convites devem ser feitos de modo informal. A ideia é receber pessoas que também não são esperadas, os amigos dos amigos.

---

[1] Segundo o site Gastronomia Brasil, o chamado serviço à francesa é característico do jantar formal. Nele, os convidados são servidos por um empregado ou empregada especialmente treinado para esta função. O serviço à francesa segue algumas regras, que é preciso observar. A primeira pessoa a ser servida é a senhora que está à direita do dono da casa, depois a que está à direita da que foi servida, e assim sucessivamente, dando volta à mesa e servindo, por último, o dono da casa. A pessoa que serve deve ficar à esquerda de cada convidado, tanto para colocar os pratos como para servir os alimentos. Mas, para colocar e servir bebidas e talheres de sobremesa, quem serve fica à direita. Retiram-se os pratos pela direita, a não ser que isto implique a colocação da mão diante do convidado. Para trocar os pratos, quem serve deve retirá-los com a mão esquerda, colocando o prato limpo com a direita. Esses movimentos são feitos pelo lado esquerdo do convidado. Quando serve as travessas, o empregado deve usar um guardanapo na mão esquerda (dobrado em forma quadrada). Para colocar e retirar pratos, não deve ser usado guardanapo. Estas e outras regras devem ser seguidas em um serviço à francesa, já que se trata de um dos mais formais tipos de jantar.

Para servir, o anfitrião deve ter comidinhas gostosas e bebidas, mas vai do bolso de cada um o que servir para comer e beber. É um jeito simpático de rever os amigos e receber o grupo de trabalho, além de servir para todos os tipos de comemoração, inclusive casamentos.

CAPÍTULO 9
HIGIENE

CUIDADO COM COMIDINHAS NOS DENTES

Não existe nada mais gostoso do que comer um biscoito ou um pedaço de chocolate durante o trabalho. Há funcionários que têm a gaveta cheia de delícias que agradam aos estômagos mais exigentes. Nada de mau, mas é preciso tomar cuidado com o ato de comer enquanto trabalha. Vira um hábito. Os entretenimentos gastronômicos grudam entre os dentes e o sorriso fica comprometido.

É comum olhar para um *gourmet* e dar de cara com "ETzinhos" escuros de chocolate agarrados nos dentes ou uns branquinhos de bolachas.

Se a pessoa é apanhada de surpresa e tem de responder enquanto está comendo ocorre o maior "mico". Se estiver com fome e for "cair de boca" na gaveta de guloseimas, quando terminar siga direto para o banheiro para dar uma conferida no sorriso. Lembre-se de que o olhar das pessoas é crítico e qualquer "ET" é suficiente para estabelecer um ruído de comunicação.

FIAPO DE MANGA: O INVASOR MALDITO

Certa vez, um leitor escreveu contando que, num almoço no sítio de amigos, foi nocauteado por fiapos de manga entre os dentes.

Tudo aconteceu porque, querendo dar uma de adaptado ao contexto campestre, pegou uma manga servida com casca e, depois de descascá-la, foi saboreando-a no velho e confortável estilo *country*: com as mãos.

No meio do caminho, percebeu que os fiapos haviam se apropriado de praticamente todos os vãos dos dentes. Sem ter à mão palito ou fio dental e pressionado pelo incômodo, optou pelo método manual, dedo-unha, na tentativa de se livrar dos malditos invasores. Não é preciso dizer que a cena deve ter sido boa para *Halloween*: puxa a boca aberta para um lado e contorce a boca para o outro, para permitir a entrada de pelo menos dois dedos para desentocar os alienígenas.

Para quem nunca foi abduzido por um fiapo de manga, saiba que tratar do assunto é tão difícil quanto se abster de comer uma deliciosa manga, mesmo com a mão.

Quem coloca uma fruta cheia de fiapos ou uma espiga de milho no cardápio deveria ter a entrada no paraíso comprometida, porque bom ou ruim, manga ou milho não devem ser servidos inteiros.

Como em competência social para tudo existe uma atitude conveniente, neste caso só há duas saídas:

1. Não comer, pois os fiapos são mesmo malditos e, independente da categoria dos seus dentes, eles ficarão grudados.
2. Comer, mas jamais usar em público os dedos para tirar os fiapos. O correto, nesta situação, é correr para o banheiro e proceder à desapropriação da área invadida.

Esses procedimentos servem para fiapos de carne, salsinhas, milho e outros "trequinhos" que, porventura, fiquem alojados nos dentes.

A VERDURINHA NOS DENTES E O JOHN VOIGHT

Se é "mico" dar um sorriso com uma sujeirinha presa nos dentes, imagine ver-se abraçadinho com ela em todas as mídias do mundo.

Pois é, foi o que aconteceu com John Voight, pai da atriz Angelina Jolie. O ator foi fotografado com um pedaço de folha de alface entre os dentes durante o lançamento de um DVD, em Los Angeles. Ele não fez nenhum comentário sobre a maldosa exposição, mas, para os que acham que já pagaram muitos "micos", este é difícil de bater.

Seja como for, só há uma possibilidade de esta situação não acontecer: jamais comer algo que não seja líquido em público. Do contrário, é preciso contar com os amigos e com os desconhecidos para ser avisado caso o problema ocorra.

A única reação proibida é fazer escândalo ou morrer de vergonha. Deve-se considerar o fato absolutamente normal e seguir em frente, como se nada tivesse acontecido.

DENTES BRANCOS: SINAL DE JUVENTUDE

A preocupação com a boa aparência, quando sem exageros, é importante e saudável. Mostra que a pessoa se encontra com vitalidade, saúde e disposição para a vida e, portanto, para o trabalho.

Regimes, ginástica e procedimentos estéticos são realizados para tornar a imagem pessoal mais agradável e estender ao máximo a aparência de juventude. Mas a maioria esquece que manter os dentes brancos e bem cuidados é de certa forma mais importante do que não deixar aparecer os branquinhos dos cabelos ou as ruguinhas em torno dos olhos.

Dentes brancos são normais em crianças; logo, a imagem de um adulto com os dentes claros e limpos nos remete a uma pessoa jovem. Dentes escuros só são encontrados na boca de pessoas velhas e malcuidadas.

Atualmente, os dentistas disponibilizam várias técnicas de clareamento dos dentes. O bom é que este procedimento colabora também para acabar com o mau hálito. Preste atenção nisso!

O EXÉRCITO DA ESCOVAÇÃO

Todos os dias, na hora do almoço, milhares de banheiros públicos deste país são invadidos pelos "Exércitos da Escovação".

Formado por homens e mulheres, esses exércitos tomam conta das pias dos banheiros para a higiene bucal. Não é preciso um olhar cuidadoso para perceber as bocas abertas contorcendo-se, enquanto pedaços de fio dental são agilmente movimentados de um lado para outro.

Enganam-se os que pensam que o processo é simples e ilude-se quem acredita que dá para ser elegante durante o procedimento, pois não basta desentocar os restinhos, é preciso depois espumar e escovar os dentes.

Para os enojados, visitar qualquer banheiro público das doze às quatorze horas é delicado. Além ter uma terrível visão de humanos distorcidos com as mãos na boca, é preciso ficar fora da linha de tiro dos fios dentais. O triste é que, ao terminar a batalha, as bancadas estão molhadas e restos de fio dental repletos de bactérias esquecidos sobre elas.

Conclusão: o banheiro do escritório é, ainda, o local mais apropriado para se escovar os dentes. Mas, para quem não consegue esperar, um conselho: seja discreto. Tenha cautela no uso do fio dental e, por favor, limpe e enxugue a pia quando concluir a operação.

A FAXINA NO NARIZ DO PRESIDENTE

Numa dessas infelicidades da vida, o Presidente da Itália, Silvio Berlusconi, foi filmado tirando um "bu" do nariz, pondo na boca e saboreando a "delícia" enquanto tomava um cafezinho numa cafeteria elegante.

O filme foi recorde de público no *Youtube* e deu ao Presidente um belo arranhão na imagem de empresário e político bem-sucedido. Provavelmente o senhor Berlusconi se esqueceu de que qualquer celular hoje é uma arma que pode ser usada para colocar em apuros pessoas que cometem deslizes. Além disso, o Presidente se esqueceu, ou não sabia, que tirar "bu" do nariz e comê-lo em público é impensável e inimaginável.

O que as pessoas fazem de grave ou de falta de educação na intimidade é problema de cada um, mas, em público, ninguém perdoa; provavelmente nem a senhora mãe do Presidente.

O CUSPIDOR: UMA AMEAÇA OCULTA

A interação entre humanos é uma operação sempre arriscada. Entre todas as possibilidades de perigo, está a de levar uma cuspida.

O cuspidor não é passível de ser descoberto sem que tenha entrado em ação, o que acontece em geral de forma brutal e inesperada: a pessoa está inocentemente conversando com o cuspidor quando se torna alvo da sua saliva. As regiões mais atingidas são a boca, os olhos e a bochecha. Mas é evidente que outras regiões expostas do corpo também podem estar no seu raio de ação.

Enquanto o cuspidor ataca, a vítima fica pensando... "Limpo? Não... Creio que vai ficar chato... Mas, que nojo...!". E por aí vai.

O que fazer? Ao ser alvejado por um cuspe alheio, limpe sem receio a região atingida e, se a pessoa for muito amiga, fale brincando: "Por favor, cuidado, porque hoje você está cuspindo".

OLHE A GRIPE!

De tempos em tempos o mundo fica gripado. Basta olhar em volta para ver alguém espirrando, com o nariz vermelho ou com voz de quem está morrendo.

O certo seria ficar em casa se tratando, mas quem é que pode? Para não se tornar o "homem vírus" ou "o senhor bactéria" e comprometer a saúde das pessoas, uma "boa" é:

- Não dar a mão ou beijar ninguém durante esse período. Não precisa explicar detalhes sobre a gripe, apenas diga: "É melhor cumprimentar você de longe, estou resfriado".
- Usar lenços de papel e jogá-los no lixo. Após o uso, nada de guardá-los no bolso ou na mala; além de anti-higiênico, é feio.

- Se tiver que tossir ou espirrar e estiver conversando com alguém, vire o rosto para não acertar um suprimento de vírus na pessoa.

De resto, o melhor é tomar chá com mel e fazer uma reza brava para ver se a gripe vai embora logo.

CAPÍTULO 10
LUTO E DOENÇAS

LUTO: MOMENTO TRISTE. QUE FAZER?

Os avanços da medicina em todas as suas vertentes levam-nos a esquecer que a morte faz parte da vida, por mais paradoxal que possa parecer. E, quando ela acontece, muitos não sabem como se comportar.

Quando falece um colega do trabalho ou um familiar próximo dele, existem algumas regras protocolares que devem ser seguidas. Por isto separamos esta conversa em dois módulos: o primeiro refere-se ao comportamento da empresa; o segundo, aos colegas de trabalho.

A empresa:

- Destacar um porta-voz, que fará a ponte oficial entre o trabalho e a família do falecido.
- Ajudar a família a pagar as despesas do enterro, se necessário, é de bom-tom, mesmo que não tenha seguro.
- Enviar uma coroa de flores para o local do velório em nome da organização.
- Providenciar um telegrama de pêsames em nome do presidente.
- Passar, quando possível, uma lista de condolências no escritório e enviá-la à família.
- Mandar pelo menos um representante oficial na missa de sétimo dia.

Colegas de trabalho:

- Não é necessário mandar flores.
- Se possível, comparecer ao velório. Não é necessário permanecer horas no local.
- Se possível, comparecer ao enterro.
- Se houver um livro de condolências, assiná-lo.
- Cumprimentar apenas os familiares mais próximos.
- Comparecer à missa de sétimo dia.

- Caso não possam estar presentes em nenhum dos eventos, devem enviar um telegrama para a família.
- No velório, não tentar alegrar a família. Na tristeza, o silêncio é boa companhia.

OS CUMPRIMENTOS AOS FAMILIARES

- "Meus pêsames", "sinto muito" ou "eu lamento" não têm substituto melhor.
- Se falar em nome de alguém, diga: "Eu trouxe o abraço do meu..." ou "Estou representando todos os que trabalharam com..."
- Para expressar-se com palavras bonitas ou poéticas é preciso ter dom; por isso, não abuse da sorte.
- Se, sem querer, disser "meus parabéns" em vez de "meus pêsames", toque em frente; não será, seguramente, a primeira vez que alguém se confunde.

O TELEGRAMA

Se tiver de escrever algo, seja breve, talvez um pouquinho dramático, mas sem exageros. Algumas sugestões:

- "Lamentamos o falecimento do(a) querido(a) amigo(a)..., uma perda irreparável para nossa empresa e colegas."
- "Foi com enorme pesar que soubemos da morte de nosso especial amigo e colega. Consideramos este um episódio muito triste em nossa vida."
- "Poucas pessoas vão deixar tanta saudades quanto fulano. Sem ele, a vida no trabalho não terá a mesma graça."

O VESTUÁRIO

- Hoje, mais do que nunca, a roupa pode ser qualquer uma, desde que revele dignidade e respeito para com o evento e a pessoa falecida.
- Para as mulheres, nada de decotes, saias curtas, estampados ou cores berrantes; mas não é necessário usar a cor preta.
- Os homens também devem estar vestidos com dignidade. Bermudas, camisetas e tênis são evidentemente confortáveis, mas não adequados para a ocasião.
- Durante a semana, os velórios e enterros são mais formais do que aos finais de semana. Não nos perguntem o porquê.

COMO SE COMPORTAR

Os velórios, às vezes, acabam se transformando em local de encontros, bate-papos engraçados e descontraídos. Mas é preciso tomar certos cuidados para não acabar resvalando no pouco-caso, no abusado ou no sem compostura.

Falar alto, contar piadas, dar risada não são comportamentos elegantes. Mesmo que a morte tenha sido anunciada, seguramente o espírito da família não está para festa, e o momento merece respeito.

A COVA E O CURIOSO

Num desses eventos tristes da vida, um homem pranteava um grande amigo. Era uma enorme perda. Além de companheiros inseparáveis, acabaram tornando-se quase parentes, os filhos se casaram.

Enlutado até o pescoço e chorando muito, o amigo acompanhava com cuidado cada detalhe do enterro. Até que na hora de arrumar a vala para fazer entrar o caixão o curioso debruçou-se além da conta para ver o que acontecia lá embaixo. Não deu outra, levou um escorregão e pimba! Caiu dentro na cova.

Foi o maior quiprocó, grita daqui, tenta puxar dali, numa sequência de muita confusão. A tristeza de todos foi temporariamente substituída por risadas nervosas. Jamais alguém havia visto uma pessoa destruir um enterro. E, finalmente, depois de usarem as cordas do caixão para tirar o descuidado da vala, o homem foi salvo com a perna quebrada.

O enterro continuou, mas perdeu o impacto; no último momento, o amigo curioso desviou do defunto toda a atenção.

Moral da história: em determinadas situações a curiosidade não é bem-vinda!

UM COLEGA ADOECEU. E AGORA?

Nem tudo na vida é cor-de-rosa. De tempos em tempos, ficamos sabendo que um colega adoeceu. Dependendo da seriedade, faz parte dos usos e costumes as pessoas se manifestarem para dar conforto ao tal amigo.

Então, mesmo achando superdesagradável, o correto é dar um telefonema para perguntar como vão as coisas e, dependendo do caso, fazer uma visita.

No caso da visita, não é necessário e não se deve passar toda a tarde no local. A ideia é permanecer apenas o tempo suficiente para um abraço e um papo rápido. Quem está distante ou não tem disponibilidade para ir até o colega, tem como opções o velho telefonema ou o *e-mail*.

Um conhecido, figura das mais simpáticas, costuma fazer brincadeiras com os doentes do trabalho: vai visitá-los e os fotografa para depois distribuir a foto por *e-mail* para toda a empresa, fazendo uma brincadeira qualquer. Coisa de gente inteligente, porque quebra o gelo e deixa todos a par do que está acontecendo com o colega. Mas é claro que este comportamento depende do caso.

Independente do que se faça – telefonema, visita ou *e-mail* –, o importante é demonstrar que a pessoa é querida, pois não há quem não goste de se sentir assim.

CAPÍTULO 11
ABERRAÇÕES DE COMPORTAMENTO

ASSÉDIO MORAL: A VIOLÊNCIA SEM ARMAS

Embora a maioria de nós pense em violência só quando se refere ao uso de armas ou dos próprios punhos, todos os dias somos expostos a agressões que mexem, marcam e, muitas vezes, comprometem a saúde.

Gritos dos chefes, "puxadas de tapete" dos colegas, fofocas que minam relacionamentos, pagamentos que não se concretizam, desrespeito e deslealdade são bastante comuns, principalmente no ambiente de trabalho.

Para alguns, a violência é tão grande e indigesta que a pessoa não consegue dar um basta e passa a viver um cenário pessoal extremamente doloroso, terminando por sofrer de estresse, enfarte ou simplesmente se sentindo muito mal porque acaba acreditando-se incapaz.

Uma forma de violência com poder de contaminar a motivação de qualquer pessoa são as agressões constantes no trabalho, o assédio moral.[1]

Não é nada fácil dar um "chega pra lá" quando se precisa do emprego por qualquer motivo. Porém, quem passa por isto não deve ficar calado, tem de "botar a boca no trombone". O silêncio só reforça a posição do agressor.

Já quem tem por hábito agredir, humilhar ou colocar funcionários em dificuldade é bom saber que este é um desvio de comportamento grave; quem o pratica precisa de auxílio.

---

[1] Assédio moral pode ser definido como a exposição de trabalhadores a circunstâncias humilhantes e embaraçosas durante a jornada de trabalho e no exercício de suas funções. Acontecem comumente em relações hierárquicas em que predominam os comportamentos negativos.

O EMPREGO E O CLIENTE DON JUAN

Numa reunião, várias mulheres jovens e inteligentes passaram a questionar qual a melhor atitude a ser tomada caso um cliente faça uma investida *não profissional*.

Só existe uma resposta correta, se a mulher não estiver disposta a confundir o "meio de campo": "Desculpe-me, mas tenho certeza de que está havendo alguma confusão!".

Se mesmo assim o aventureiro Don Juan não se detiver, faça o que der na telha, só não fique preocupada em perder o emprego. Sabe por quê? Se o cara for do mal e a empresa não der respaldo para as funcionárias, o risco de ser demitida vai existir de qualquer jeito. Portanto, caso não seja possível contemporizar ou levar na brincadeira, use de educação, mas coloque o infeliz no seu devido lugar.

QUANDO O DIABO É O PATRÃO

Tortura psicológica, apunhaladas na frente da equipe e berros constantes podem ser indicativos de que seu chefe reside no inferno. Mas dizem as más-línguas que a residência da besta é mesmo a terra, e alguns chefes não deixam ninguém duvidar disto.

O que fazer quando alho, cruz e orações não são suficientes? O que se deve fazer para acalmar a peste e alcançar a paz? A resposta está no distanciamento. É isto mesmo. Distanciamento!

É sabido que boa parte dos sobreviventes dos campos de concentração da Segunda Guerra foram pessoas que mantiveram seus espíritos preservados, apesar das atrocidades de que foram vítimas, porque conseguiam olhar os acontecimentos com distanciamento.

Pesquisas provam que funcionários que têm como chefia pessoas predadoras e, mesmo assim, conseguem ver e ouvir as coisas com distanciamento, sobrevivem à turbulência.

Como fazer? Simples: quando o chefe começar a babar e vomitar ofensas, a pessoa deve deixar de ouvir como se o discurso não fosse direcionado para ela. Esse distanciamento permite que a vítima avalie o que de fato está acontecendo, em vez de se sentir ofendida ou incapaz.

Muitas vezes, um chefe com essas características é simplesmente uma pessoa malcriada e mal-acostumada. Por isto, ficar intimidado, magoado ou com medo não resolve, até porque, muitas vezes, é o que ele espera.

Predadores gostam de fazer vítimas, e a munição contra eles é desprezo e violência verbal. Não caia nessa!

CHEFES QUE GRITAM COMPROMETEM A MOTIVAÇÃO DOS FUNCIONÁRIOS

Além de demonstrarem solene falta de educação, chefes que não dão crédito a seus subalternos e os humilham jogam fora todo investimento feito para aumentar-lhes a motivação.

Treinamentos, confraternizações e promessas de crescimento não são suficientes para anular os efeitos dos maus-tratos. As emoções desencadeadas numa discussão ou na fala ríspida de quem está no comando, dependendo da frequência com que acontecem, acabam levando ao estresse ou à apatia.

O desrespeito não precisa ser aparente, pode estar dissimulado em frases irônicas, e-mails ou observações desestimulantes, tais como: "Você só faz confusão!" ou "Eu sabia que você ia aprontar alguma".

A atitude inadequada do chefe compromete a capacidade dos funcionários de julgar e de tomar decisões, pois, em situações de incerteza, medo ou angústia intensa, o desempenho fica comprometido. A ideia de que sob intensa pressão as pessoas pensam e trabalham melhor é contrariada pelas descobertas a respeito do funcionamento do cérebro.

Hoje sabemos que, nesta situação, deixamos de analisar todos os aspectos de um determinado problema e, ao tomar uma decisão, o risco de errar é maior do que o de acertar.

Quando unimos a tensão do trabalho aos maus-tratos psicológicos, cria-se uma bomba com poder de comprometer a moral da equipe, desiludir os crédulos e diminuir a lucratividade. Assim, é preciso que a preocupação com a postura da chefia em relação a seus subalternos seja foco da atenção da alta direção da empresa, uma vez que humilhar, gritar ou se desfazer do trabalho do funcionário pode ser a sentença de morte para os objetivos da organização.

Para melhorar este quadro, as empresas devem:

- Não ter medo de encarar o desequilíbrio dos que estão no comando.
- Detectar se determinada atitude é falta de educação ou desvio sério de comportamento.
- Estabelecer regras para coibir este comportamento. Agressividade e destempero verbal devem ser motivo suficiente para uma punição rigorosa.
- Evitar que o medo de perder o emprego leve à "espiral do silêncio": todos sabem o que acontece, mas ninguém abre o jogo.
- Criar um canal eficiente e confiável para queixas.
- Proporcionar ensinamento sistemático sobre o comportamento humano, assertividade, motivação e liderança.
- Estimular a etiqueta no trabalho. Empresa educada tem menos problemas nesta e em outras áreas.

UM E-MAIL DE ALGUÉM MUITO MAGOADO

Há pouco tempo, um e-mail magoado chamou nossa atenção: "Tenho muita dificuldade de expor para meus diretores o que penso. Às vezes, levo bronca de graça só por não saber explicar o que quero realmente dizer; simplesmente me 'dá um branco' e fico falando coisas que não têm nada a ver."

Perder o controle da situação, ter a sensação de que uma onda varreu o cérebro e não conseguir pensar em nada é bastante comum quando nos sentimos em perigo.

Entre as muitas ameaças do mundo corporativo, o receio de perder o emprego pode ser tão forte que acaba desestabilizando a pessoa. Sabendo disso, alguns chefes usam esse medo como arma para exercitar o controle sobre seus subalternos. E, infelizmente, alguns são como um trator; só falta arrancar pedaços dos outros para se sentirem realizados e seguros.

Como tudo na vida, dependendo da postura do funcionário, este comportamento pode ou não dar certo. Se a pessoa se impressiona com a *importância* do cargo e deixa transparecer que não se sente à vontade, fica tudo mais complicado.

Em algumas situações, damos mais autoridade para as pessoas do que elas de fato têm. É preciso lembrar que o sentimento de poder está em quem vê, e não em quem exerce o cargo. Se o funcionário é inseguro e vê seus superiores como muito poderosos, a distância fica tão grande que se torna natural a sensação de desconforto e insegurança.

COMO ENXERGAR O CHEFE...

- É preciso encarar o chefe de forma saudável. De fato, é só uma pessoa que está lutando para ter seu salário no final do mês, poder pagar a escola do filho, a viagem que a mulher deseja fazer, a prestação do carro, e por aí vai.
- Não se trata de desculpar maus-tratos, mas de olhar a pessoa como qualquer outra.
- É preciso pensar que ele também tem receio de perder o emprego, de arriscar o dinheiro da companhia e de ser mal avaliado por seus superiores.
- O chefe também tem chefe: um diretor, o dono da empresa ou os acionistas. Portanto, se o subordinado sente medo de perder o emprego, o chefe também sente.

Seguindo esta linha de pensamento, é possível tomar atitudes que ajudam a ter maior controle da situação:

- Verifique em que casos ocorre a sensação de insegurança. Quem consegue identificar essas situações pode se preparar para elas.
- Não tente responder ou fazer nada impensadamente. Lembre-se de refletir antes de falar, de sair fazendo seu trabalho, de decidir como vai fazer e em que ordem vai fazer o que é pedido.
- Não aceite ser maltratado. Quem comete um erro deve ouvir considerações sobre o que fez, mas nunca se deixar maltratar.

- Respeite o chefe só pelo cargo não é bom sinal. Se a empresa tem programas de avaliação sobre os funcionários, use este instrumento para mostrar sua insatisfação. Os *feedbacks* existem para serem dados.
- Lembre-se de ter calma, de ser assertivo, educado, mas não bobo. Sentiu-se injustiçado? Fale com jeito, mas fale. Ficar em silêncio e aceitar a situação servem apenas para alimentar a raiva.

CAPÍTULO 12
SÓ PARA MULHERES

**VESTIÁRIO FEMININO:
LOCAL IMPRÓPRIO PARA DESFILAR SEM ROUPA**

Não resta dúvida de que o comportamento feminino mudou na hora de trocar de roupa nos vestiários. Foi-se o tempo em que os boxes fechados das academias e clubes eram disputados a tapa. Afinal, ficar nua, mesmo que só entre mulheres, era impensável.

Atualmente, o normal é tirar a roupa sem precisar se esconder. Afinal, se todas as mulheres são iguais, não há motivo para vergonha. Este comportamento é tão aceitável, que qualquer atitude de autopreservação ou reserva é suficiente para colocar a mulher que não se troca na frente das outras sob suspeita.

Encarar o corpo sem puritanismo é mesmo um grande avanço cultural. O problema é que algumas mulheres têm exagerado, impondo que seus corpos sejam olhados. As mais ousadas chegam a ficar sem roupa um tempão, passando lenta e pacientemente creme pelo corpo todo.

É difícil saber a quem incomoda, mas este convite, sem alternativa, ao *voyeurismo* pode comprometer a imagem da pessoa. É preciso pensar que o vestiário feminino, qualquer que seja ele, é um local público, o que já obriga os usuários a seguirem certas regras de convivência.

A nudez além do tempo necessário, exibicionismo ou descontração, não se espera de uma pessoa elegante, mesmo nesses novos tempos. Portanto, ficar passeando, conversando, resfriando o corpo ou hidratando as dobrinhas sem roupa, é comportamento não aceitável. Como não pensamos todos da mesma forma, é de se prever que alguém que esteja compartilhando o local possa não se sentir confortável.

Seja como for, mesmo para quem tem um corpão de deusa, manter-se discreta ao trocar de roupa é uma atitude simpática, respeitosa e complacente para com todas as outras mulheres que estão no local e talvez não tenham o tal corpão.

Mas, na intimidade, seja o que Deus quiser. Cada um é dono do seu pedaço!

CONVERSAS QUE APROXIMAM E QUE AFASTAM OS HOMENS

Atraentes, sedutoras, donas do próprio nariz e... ruins de conversa! Pelo menos é assim que boa parte dos homens vê a mulher nos dias de hoje.

Dizem eles que é difícil encontrar uma mulher com conversa interessante e com quem dê para passar uma noite inteira papeando sem ficar entediado. Os mais radicais, quase machistas, apostam que o mundo feminino tem um repertório de interesses que versa sobre três assuntos principais: casamento, corpo e novela.

Fora do sexo, a relação com os homens nunca foi muito tranquila, mas parece que piorou ultimamente. Outro dia, cinco casais jovens e amigos estavam sentados em duas mesas diferentes no mesmo restaurante, as mulheres numa e os homens em outra. É de se pensar se os interesses femininos são tão diferentes dos masculinos a ponto de não ser possível uma interação gostosa, proveitosa e pacífica entre ambos.

Mesmo acreditando que as mulheres, ao contrário dos homens, são mais soltas para conversar, sem medo da intimidade ou de se revelar, é preciso dar a mão à palmatória, algumas só sabem falar de si e do que gostam sem se interessar pelo universo masculino.

Não se trata de deixar de lado o que se pensa, abrir mão do que se gosta ou deixar-se levar pelo gosto dos homens, mas de ampliar as possibilidades de se fazer interessante. Para isto, uma boa ideia é conversar sobre temas que possam agradar aos dois lados e que não sejam motivo para pôr a perder uma eventual paquera.

Pensando sobre quais são conversas que podem ajudar a despertar o interesse masculino e quais as que têm potencial para acabar com qualquer possibilidade, a sugestão é tentar conversar sobre:

- ◆ Esportes de qualquer espécie. Salvo raríssimas exceções, não existe homem que não curta futebol, corrida de Fórmula 1 ou um esporte radical. Eles parecem que já nascem com a tendência para gostar de tudo o que se relaciona com esta matéria. Procurar ler as manchetes esportivas para saber ao menos onde vai ser a próxima corrida de Fórmula 1 ou como está o campeonato brasileiro de futebol é ótimo para marcar ponto positivo.
- ◆ Assuntos gerais. Saber o que está acontecendo no mundo facilita muito a interação com homens de qualquer tendência. Poder falar sobre cinema, o que está acontecendo na cidade, livros que foram lançados, Bolsa de Valores, quem fez o que na política, música etc., revela uma mulher interessante e informada.

Assuntos para evitar:

- ◆ Casamento, filhos e *pets*: três assuntos proibidíssimos, pelo menos para quem está começando um relacionamento. Mesmo homens amadurecidos passam mal com conversas que giram em torno desses temas. O papo sobre *pets* não é conveniente

porque lembra filhos e, dependendo do estágio do relacionamento, a mulher corre um risco desnecessário.
- Assuntos tristes. Não há conversa que derrube mais do que solidão, falta de grana, medo de envelhecer, desgraças ou qualquer tipo de perda. Qualquer papo com tema triste é como jogar na roleta: só com muita sorte dá para ganhar.
- Sexo e piadas. Apesar de empolgantes à primeira vista, essas conversas podem ser assustadoras. Mulheres que se mostram ousadas além da conta, ou excessivamente engraçadas, depois de um tempo se tornam cansativas ou vulgares.

Conclusão: para ser considerada *boa de conversa*, basta procurar o que os dois têm em comum, estar disposta a compartilhar ideias, colocar-se sem agressividade, saber rir de si, falar sobre assuntos variados, ter muita disposição para ouvir e senso de humor. As mulheres que assim fazem sabem: é sucesso na certa!

TPM E TRABALHO: UMA LIGAÇÃO PERIGOSA

Até pouco tempo, a TPM (síndrome da tensão pré-menstrual) era um negócio íntimo. As mulheres que sofriam deste mal estavam entregues aos seus próprios sofrimentos.

Eventualmente, entre sorrisos constrangidos, podia-se ouvir algum comentário sobre a instabilidade emocional da mulher, mas era só. Os filhos não entendiam como é que aquela figura doce virava um monstro todo mês, sem nenhuma explicação.

Era um acontecimento que pertencia exclusivamente ao mundo feminino. Um segredo que, quando muito, podia ser compartilhado com o ginecologista. Momento de mistério, em que as mulheres tinham um mundo só delas.

Mas os tempos mudaram, a TPM ganhou a mídia, os locais de trabalho, e tomou seu lugar na família. Hoje, não há filho, por menor que seja, que não saiba identificar seus sinais.

A TPM ganhou autonomia e existe quase que independente da mulher. Todas, aos olhos do mundo, sofrem desta síndrome, queiram ou não. Já está instituída. Até mulheres que se encontram na menopausa apresentam sinais de TPM.

Que ela pode ser devastadora ninguém duvida; que machuca a alma, também não. Mas, pelo menos no trabalho, é preciso manter a lucidez. Mesmo as mulheres mais eficientes, às vezes, incorporam a síndrome e se deixam possuir pela TPM. Algumas já dão o aviso no elevador do escritório, para que ninguém se arrisque. São as transtornadas pela TPM.

Certas empresas, tentando resolver o problema, criaram o Centro para TPM. A funcionária que não se sente bem pode buscar refúgio no local durante alguns minutos. Para essas empresas, qualquer esforço é válido para amenizar seus efeitos no moral da equipe.

Seja como for, TPM não é desculpa para ser mal-educada. Quem sofre deste problema precisa ficar alerta. A família talvez tenha de arcar com os prejuízos, mas os colegas de trabalho não. É preciso tomar alguns cuidados:

- Acordou com a sensação de que virou uma bola, os olhos inchados e de mau humor? Tome um delicioso banho, capriche na roupa de trabalho, passe seu melhor perfume e se enfeite para não se achar feia.
- Tenha de reserva produtos naturais, como chás, um mel especial, alguma mistura mágica para essas datas. Comece o dia presenteando seu corpo, para se sentir querida.
- Sorria. Mantenha em seu rosto um sorriso como aquele que você mostrou quando conseguiu seu primeiro emprego, quando foi pedida em casamento ou quando soube que conseguiu uma promoção. Neste caso, você estará dando um presente aos outros.
- Se a irritação começar a tomar corpo, dê uma desculpa qualquer e retire-se por alguns minutos. Vá para algum lugar tranquilo e respire fundo muitas vezes, para não se revelar.
- Não conte para ninguém que está de TPM, não se permita ser grosseira ou malcriada. Faça um esforço brutal, mas faça, para não magoar ninguém e depois ter de pedir desculpas.
- Mesmo assim, se alguém insistir em lembrar, dê uma de "joão-sem-braço"… "TPM? O que é mesmo TPM?"

EVENTOS PROFISSIONAIS: ÓTIMOS MOMENTOS PARA AJUDAR O COMPANHEIRO

Quando o assunto é trabalho, qualquer evento social é uma boa oportunidade para a mulher ajudar a melhorar a imagem profissional do companheiro.

Mesmo parecendo bobagem, dependendo da parceira, apresentá-la para os colegas de trabalho ou clientes pode acelerar ou atrasar em muitos anos a carreira. Qualquer pisada em falso ou qualquer deslize da moça pode significar, além de pontos a menos, um bom motivo para não ser indicado para o próximo posto. Por isso, todo profissional sabe que a aparência e o comportamento da acompanhante são importantes e motivos para muita atenção e cuidado.

Não são poucos os casos de mulheres que não podem ser apresentadas ao mundo profissional do companheiro porque podem estragar uma imagem construída ao longo de anos de trabalho árduo.

A história de que quem ama não tem vergonha funciona apenas no discurso. Na hora da verdade, é confortável para um homem saber que a companheira vai agradar a todos. Já para a empresa, apostar num funcionário que tem ao lado alguém que sabe como agir e no futuro não o envergonhe é a melhor opção.

Portanto, exageros na roupa e atitudes muito ousadas ou tímidas demais não são bem-vindas. O papel da companheira num evento profissional é mais ou menos o de uma futura primeira-dama. Não pode atrapalhar a campanha do candidato; ao contrário, tem de ajudar.

Para colaborar com quem se sente insegura nesses momentos ou quem está iniciando a carreira de acompanhante, algumas sugestões para um comportamento adequado:

- Seja discreta nas roupas. Decotes ousados, minissaias, brilhos além da conta ou roupa justa não são boas opções para quem quer colaborar com a imagem do parceiro. Não é preciso vestir-se de freira, mas apresentar-se trajada de modo a não chamar a atenção é uma demonstração clara de equilíbrio e bom-senso.
- Os cabelos devem estar arrumados naturalmente, e a maquiagem e o perfume discretos. Cabelos muito elaborados, maquiagem pesada e perfume forte chamam a atenção e fazem a figura parecer uma boneca. Nestes quesitos, o melhor é não "pegar pesado".
- Modere na bebida. Acabar falando mole ou bobagens porque bebeu além da conta é dar munição contra o companheiro. Aceite uma taça de vinho para brindar, mas não passe muito disso.
- Se o evento incluir dança, mesmo sendo a primeira bailarina de uma grande companhia, não dê showzinho ou convide outro homem para dançar. Deixe para se soltar num outro dia.
- Mostre-se alegre, simpática e disposta, mas sem exageros. Contar piadas, falar alto ou em excesso, fazer gracinhas, falar palavrões ou ficar chamando a atenção para si própria pode parecer vulgar.

Para encerrar: as empresas esperam que seus funcionários sejam seletivos e saibam, inclusive, escolher bem a companheira. Por isso, quando for a um evento de negócios com seu parceiro, imagine-se numa corrida eleitoral e faça de tudo para o seu candidato ganhar a eleição.

QUANDO REPETIR ROUPA SE TORNA UM PECADO

Uma das mais badaladas e controvertidas figuras do mundo da moda, Anna Wintour, diretora da *Vogue* América, foi duramente criticada pela mídia porque repetiu, em três eventos profissionais, o mesmo traje.

Conhecida pelas suas exigências e pela rispidez no trato com as pessoas, tanto que serviu de inspiração para o filme *O Diabo Veste Prada*, Anna é admirada pela elegância e pelas roupas que veste.

O comentário aparentemente boçal sobre ela ter repetido uma roupa faz sentido quando se trata de uma pessoa que vive, fotografa e influencia o que vai ou não ser usado na próxima estação.

Se voltarmos nosso olhar para a roupa como uma ferramenta de trabalho e de comunicação, fica claro que cada profissão exige uma relação diferente com a maneira de se trajar.

Assim, não se espera, por exemplo, que uma dentista, jornalista ou professora se preocupe com a repetição de roupas. Mas, no caso de Anna Wintour, ocorre exatamente o contrário: em todas as suas aparições, o registro pessoal e a sua assinatura validam para os leitores do mundo inteiro o que é ou não usável naquele momento da moda.

Para os que consideram a roupa apenas um objeto de canalização de frivolidades, é preciso lembrar o sentido mais amplo do vestuário. As roupas sinalizam muito mais do que o sexo ou a moda. Servem para deixar evidente o *status*, preferências, capacidade de seleção, flexibilidade, momento emocional e senso de adequação da pessoa ao papel que ela desempenha na vida profissional e social.

As roupas detêm tal quantidade de informações que é impossível, mesmo para os mais "desencanados", não usá-las como referencial sobre uma determinada pessoa ou situação. Além disso, no trabalho e na vida social, a adequação do vestuário torna-se fator de inclusão ou exclusão de um grupo. No Japão, por exemplo, é conhecida a preocupação das famílias abastadas em deixar clara, através das roupas, a diferença de classes, desde o jardim da infância. Da mesma forma, os jovens, em determinada fase, procuram estar vestidos de maneira que o grupo ao qual pertencem os identifique como iguais.

Embora possa parecer inaceitável a entrega absurda de uma profissional aos ditames do capitalismo, a roupa está longe de ser apenas uma opção leviana e consumista.

Num momento do mundo em que a imagem é a referência maior dos nossos cinco sentidos, menosprezar a importância do vestuário no trabalho é abrir mão de referendar e controlar o que é visível e palpável para os outros a nosso respeito.

Assim, o que para uns é uma gafe profissional inadmissível, para outros é inclusive recomendável, porque sinaliza prudência nos gastos, arrojo e personalidade.

Minimizar a importância das roupas como fonte de informação foi, aparentemente, o erro de Anna Wintour, que acreditou que o fato de repetir o mesmo traje em eventos profissionais seria mais um acontecimento banal sem o poder de gerar comentários, críticas e artigos.

PRORROGAÇÃO DA LICENÇA-MATERNIDADE: AMEAÇA AO TRABALHO FEMININO?

De modo geral, não existe alegria maior para uma mulher do que receber a notícia de que está esperando um bebê. Afinal, a maternidade é o caminho natural para a maturidade do corpo e da alma feminina.

É um tempo cheio de cuidados e de dúvidas sobre o futuro, principalmente para as "marinheiras de primeira viagem". A alegria se reveza com as incertezas sobre a competência para criar uma criança. Mas, para as mulheres que trabalham, a gravidez ganhou mais um motivo de preocupação: decidir se este momento requerer ou não os 180 dias de licença-maternidade. A dúvida é se, ao usar este direito, a profissional não compromete sua permanência na empresa.

Para os juristas, pediatras e psicólogos é certo que o tempo prolongado de amamentação, afeto e estímulo materno se traduz em benefícios para a criança e, naturalmente, para a mãe. A proximidade diminui a incidência de doenças e assegura o bom desenvolvimento do bebê.

Para as empresas, o que existe com esta lei é a incerteza. Embora todas concordem com os benefícios, desconfiam que o longo tempo de afastamento possa ter impacto sobre a profissional. O tempo das empresas é diferente do tempo do corpo. Para elas, o relógio gira num compasso mais acelerado. É o tempo do dinheiro e dos negócios, diferente do tempo da vida.

Para a existência humana, seis meses é quase nada. Mas, para as empresas, neste período é possível crescer e ganhar novos mercados, ou até falir. Não é de hoje que o tempo do trabalho se sobrepõe ao da família; não é de hoje que famílias são afetadas pelas necessidades do tempo da nova economia.

Na licença-maternidade ampliada, a incerteza não está restrita a quem vai ou não custear este afastamento. A questão é maior: implica considerar o que vai acontecer com a profissional seis meses depois, com o trabalho que era executado por ela, quem vai substituí-la e o que fazer logo após o término da licença.

Num certo sentido, é de se imaginar que este afastamento tenha impacto também sobre os colegas de trabalho. Afinal, os assuntos, negócios, informações e ideias caminham rápido numa empresa, e quem fica de fora precisa de tempo para se readaptar.

Embora as empresas garantam o tempo de licença, sabe-se que mulheres em posto de destaque, na maioria das vezes, abrem mão de seus direitos e, após dois meses, retomam parcialmente suas atividades profissionais.

Seja por medo, seja pela necessidade de corresponder às exigências do mercado, poucas mulheres permanecem por longo período exclusivamente na função de mãe.

Infelizmente, nesses novos tempos, o envolvimento integral da mulher, na primeira fase da vida da criança, rivaliza com questões que, ao primeiro olhar, podem parecer até indecentes, mas que seguramente têm poder para afetar o futuro dessa profissional.

Para as empresas, o descompasso entre a vida profissional e a privada é claro e preocupante, mas, para a sua continuidade, assumir o inconciliável torna-se muitas vezes necessário.

No caso da licença-maternidade ampliada, o tempo e o bom-senso das empresas e das mulheres serão juízes desta questão.

A IMPORTÂNCIA DA POSTURA NO AMBIENTE DE TRABALHO

Você já se sentiu desajeitada numa reunião de negócios? Ficou sem saber onde pôr as mãos e se comportou como um elefante numa caixa de bombons? Uma boa notícia: você não é a única.

Essa sensação pode ocorrer de uma hora para outra em situações para as quais não se está preparada, e, então, pronto: surge uma insegurança tão forte que chega até a paralisar. Parece que os movimentos ficam difíceis de controlar, o corpo cresce de tamanho e nada se articula direito.

Algumas pessoas derrubam tudo o que tocam; outras se agitam tanto ou fazem gestos tão exagerados que tudo se torna estranho na situação. Há algumas que fazem caretas e outras que, para parecerem delicadas, acabam exagerando "na dose" e tornam-se antipáticas.

Quando esse comportamento acontece em casa, tudo bem. A família releva e até acha graça. Os amigos tiram um "sarrinho", mas, no fundo, todo mundo sabe que, apesar do jeito estranho, atrapalhado ou estabanado, a pessoa é maravilhosa, eficiente e tem bom coração.

Mas é no trabalho que a "coisa pega". Os colegas não são sempre gentis e o chefe não é tão tolerante. No mundo corporativo, quem parece confusa, desajeitada ou com um jeito muito exagerado pode não ser bem-vista.

Uma pessoa que se mostra inquieta numa reunião passa uma imagem de instabilidade e insegurança que não convém para os negócios.

Para quem "vê de fora", atitudes como essas podem sugerir que toda a organização é confusa. Mesmo que isto não seja verdade, o que importa é a imagem que a pessoa passa. Como todo mundo diz, é uma questão de atitude.

Reconhecer que há necessidade de melhorar já é um bom caminho. Mesmo não sendo fácil, basta empenho, um pouquinho de confiança e muito treino.

Alguns comportamentos que podem ajudar:

- Pense nos gestos, na postura, no jeito de pegar as coisas, de andar etc. Não tem nada a ver com o visual. O importante é refletir, sem se considerar coitadinha, sobre o que é preciso mudar.
- Não mexa muito com as mãos ao falar. Quem tem esse hábito deve treinar conversar sozinha olhando-se no espelho. É fundamental pensar nos gestos como uma linguagem poderosa que dá força ao que está sendo dito.
- Cuidado com expressões faciais e os movimentos do corpo, pois retratam o mundo interior da pessoa. Quanto mais tensa, mais as expressões e o corpo se contraem.
- Respire fundo várias vezes para se acalmar e mantenha o pensamento positivo: vai dar certo!

- Descubra, antes de ir à reunião, tudo o que puder sobre o assunto que será discutido, sobre as pessoas que participarão, enfim, tudo o que for necessário para se sentir segura. Mostrar-se informada passa a imagem de competência.
- Não vá trabalhar com roupa ou sapato desconfortável. Ajeitar-se enquanto fala ou deixar transparecer que está sentindo dor nos pés são comportamentos que fazem a pessoa parecer desarticulada e acabam incomodando os que estão perto.

CAPÍTULO 13
SEXO E TRABALHO

RELACIONAMENTOS AMOROSOS NO TRABALHO EXIGEM CUIDADO

Numa época de relacionamentos mais abertos, não é difícil misturar sexo com trabalho. Homens e mulheres costumam, às vezes, confundir relações e acreditam que a intimidade com o colega de trabalho não tem consequência. Mas, algum tempo depois... é aquela dor de cabeça.

Muita gente já entrou "pelo cano" com essa brincadeira, e alguns se arrependem amargamente. Até porque, da intimidade passageira para um grande amor o caminho nem sempre é claro.

Mas se a ideia for correr o risco e buscar um relacionamento amoroso no trabalho, a decisão precisa ser tomada com a razão, e não com o coração. Se não der certo, ambos terão de ser elegantes: engolir muita coisa e esquecer completamente outras. Misturar sexo, amor ou paixão com trabalho é sempre um risco.

Para evitar confusão, vale a pena refletir se você terá disposição para:

- Aceitar que a outra pessoa ponha fim ao relacionamento sem motivo aparente.
- Ligar só uma vez para saber o que aconteceu. E, em caso de respostas como "Você é uma graça, mas eu ando muito ocupado(a)", entender que acabou.
- Guardar em segredo seu relacionamento, desde o primeiro olhar até a maneira como a relação terminou. Não permitir que o assunto vire objeto de conversas na empresa.
- Não gritar ou "armar barraco" no escritório.
- Não falar mal da pessoa em hipótese alguma; podem comentar que é dor de cotovelo.
- No caso de dar tudo errado pense: aproveitou? Ótimo, é assim que tinha de ser.

CAPÍTULO 14
SALA DE REUNIÃO

ABENÇOADO SEJA O MALDITO AR-CONDICIONADO!

Amaldiçoado e ao mesmo tempo bem-vindo, o ar-condicionado tem um lugar contraditório na vida da maioria das pessoas. Embora seja capaz de tornar a temperatura do ambiente mais agradável, ele pode gerar grandes desentendimentos.

Dizem as más-línguas que esse tipo de ventilação só serve para provocar brigas. É um tal de "dá pra baixar essa porcaria?" ou então "dá pra aumentar um pouquinho esse ar?".

A verdade é que, em alguns lugares, o ar-condicionado é tão frio que quase reproduz a temperatura do Alasca. Mas também quem é que aguenta o calorão? Em determinados dias, o calor é tanto que só a ideia de um ar geladinho já refresca.

Com isso, não há quem não tenha pegado uma gripe porque fora estava quente e entrou no frio do escritório ou porque dentro estava frio e saiu no quente da rua.

O ar-condicionado causa tanto problema que até existem casais que desistiram de dormir juntos porque um deles odeia o frio. Sempre há quem conte uma história triste cujo protagonista é o ar-condicionado. E, pensando bem, num país quente como o nosso, um ar geladinho no verão é tudo de bom.

O bom-senso diz que a regulagem do ar-condicionado depende de um pouquinho de flexibilidade regada a muita boa vontade. Seja como for, para não passar frio ou armar confusão, é bom prestar atenção a alguns detalhes:

- No verão, não custa nada, principalmente para as mulheres, deixar uma malha fininha no trabalho ou se vestir com roupa "tipo cebola": a pessoa põe ou tira a casca de acordo com a temperatura do ambiente.

- Quando sair, sempre pense em levar um agasalho. Há restaurantes, supermercados e cinemas que são "um gelo" e, em vez de reclamar, basta prevenir-se.

- É muito maçante viver com gente resmungando por causa da temperatura do ar. No trabalho, o melhor é tentar um acordo para regular a temperatura do ambiente. Verdade seja dita, viver em local que reproduz a temperatura de jaula de urso também não dá.
- Se não existe a possibilidade de regular a temperatura no ambiente de trabalho, o grupo tem de buscar o consenso. Não é possível que pessoas civilizadas não consigam chegar a um acordo sobre a temperatura ideal: de 21º a 23ºC.
- Os intolerantes, os radicais e os chatos com a temperatura do ar-condicionado devem ficar espertos. Não saber conciliar interesses e ser inflexível não é nada conveniente quando o assunto é a vida profissional.

COLEGA DE TRABALHO PODE NÃO SER AMIGO

Quando se vê todos os dias a mesma pessoa no trabalho, chega-se a pensar que ela faz parte da família. Afinal de contas, ninguém presencia mais o esforço, as conquistas e os dissabores de alguém do que os colegas das mesas ao lado.

Depois de tanto tempo de convivência, o coleguismo acaba sendo confundido com um parentesco bem próximo. Passa, então, a ser comum ouvir conselhos que não foram pedidos ou até broncas descabidas.

Para se ter uma ideia da loucura à qual podem chegar as pessoas, cito uma amiga que se converteu ao judaísmo e, duas semanas depois, foi interpelada por uma colega de trabalho exaltada, questionando a falta de caráter pela mudança.

Conviver todos os dias com as mesmas pessoas exige critério, sensibilidade, discrição e bom-senso. Embora sejamos continuamente estimulados a acreditar que o que é privado e particular não faz parte do domínio público, a prova está nas centenas de *reality shows* que pipocam na televisão, provando que esta crença não é verdadeira. A privacidade inclui todas as questões íntimas, que vão do convívio familiar a coisas simples como o porquê gostar ou não de algo. Dar conselhos, exigir atitudes que se aproximem ao que se imagina como sendo correto ou mesmo policiar os colegas são exemplos de invasão de privacidade e desrespeito.

Em qualquer circunstância, mesmo se solicitado a opinar sobre a vida do colega, é preciso manter-se atento, porque o que vai ser dito é um ponto de vista de quem, mesmo havendo empatia, não está na pele da pessoa. Então, qualquer sugestão pode causar mal maior do que uma discreta omissão.

Ouvir é melhor do que dar palpites ou sugestões. Na maioria das vezes, ao nos pedirem um conselho, as pessoas na realidade desejam que nós as ouçamos.

INFORMALIDADE DEMAIS NÃO É BOM

Todos nós, cada um a seu modo, nos preocupamos com a possibilidade de passar dos limites no quesito informalidade no trabalho.

Saber se convém ou não chamar o chefe de senhor, falar gírias ou viver deixando escorregar um palavrão sem causar má impressão na empresa é mesmo complicado.

A maioria das pessoas confunde informalidade com falta de respeito, e é justamente nesse ponto que a "coisa pega". Certa vez, um aluno, profissional maduro, ao dar um exemplo numa prova na faculdade escreveu: "O evento foi uma merda e...".

Embora ele não tenha feito por mal, o registro deixou claro a falta de percepção sobre a importância de uma simples prova como um documento que, entre outras coisas, evidencia a visão que a pessoa tem sobre o mundo e a falta de critério com o que pode ser informal ou não.

Atitudes como as deste exemplo acontecem todos os dias também nas empresas. Para evitar tropeços desta natureza, é preciso se manter atento a algumas regras:

- A informalidade acima do aceitável com clientes, fornecedores e parceiros, na maioria das vezes não cabe no relacionamento profissional. Respeito e certa distância são mais recomendáveis. Além disso, a informalidade não vai servir de desculpas para as eventuais falhas da empresa.
- Manter uma distância saudável entre os colegas, clientes e fornecedores ajuda bastante na hora de se colocar ou de fazer exigências.
- No início de qualquer relacionamento com clientes, fornecedores e superiores, chamar a pessoa de "senhor" ou "senhora" é mais indicado. Depois, se a pessoa autorizar o tratamento menos formal, ótimo!
- Falar gírias ou palavrões não é bom, mesmo em ambientes descontraídos.
- Pegar as coisas dos outros sem pedir licença pode causar indignação. Mesmo quando o material é da empresa e está sendo usado pelo colega, dirigir-se a ele e pedir "Por favor, você pode me emprestar..." é sempre bom e evita mal-entendidos e constrangimentos.

MEDO DE NÃO APARECER: O GRANDE VILÃO DAS EMPRESAS

O medo de perder a posição ou a influência e dar a impressão de ter menos contatos que o colega tem levado alguns profissionais a dificultar ao máximo o fluxo de informações entre parceiros de cargo e até entre subalternos.

O jogo é bruto: se um colega ou subalterno tem um contato bom para a empresa, mas é alguém que tem potencial para eventualmente desequilibrar sua posição no trabalho, começa o jogo sujo.

Acontece mais ou menos assim: "Muito obrigado pela sua colaboração, vou passar a informação para os meus superiores", e a informação acaba não sendo passada. Quem perde com isso? A empresa, é evidente. Ainda que receio, inveja e desconfiança sejam absolutamente normais, se as empresas se interessassem em contabilizar as perdas com este tipo de comportamento o resultado estaria próximo do escândalo.

O corpo a corpo, dissimulado pela necessidade de respeitar a hierarquia, ou de ouvir algo antecipadamente para ver se o assunto é interessante ou não, transforma ideias positivas para a organização em projetos que não saem da intenção.

Na maioria das vezes, o processo para impedir que o outro se sobressaia ou a ideia se torne pública é tão intenso que a informação, boa ou não, "morre na praia".

Permitir a fluidez dos contatos, das informações e das ideias exige maturidade e coragem para entender que a valorização ou desvalorização do profissional não está pautada apenas nos sinais externos de competência. O compartilhamento de informação e o espírito de equipe não supõem segredos ou receio de perder a vantagem, e exigem caráter e ética para respeitar o outro.

Mesmo sentindo-se ameaçado por uma grande ideia, boicotar a informação ou o trabalho dos colegas não é ético nem elegante. Aliás, quem é bom não precisa temer ninguém, porque sabe que o reconhecimento profissional não vem de graça. Exige esforço, empenho e muita dedicação.

CUIDADO, HÁ GENTE DE OLHO EM VOCÊ!

Poucas pessoas se dão conta do quanto são observadas durante o dia a dia de trabalho numa organização.

Em conversas com RHs, é assustador saber quanto os pequenos detalhes do comportamento profissional podem fazer diferença na percepção da empresa e na carreira do funcionário.

Está claro que não são todas as instituições que têm critérios e cuidados especiais, tanto para a manutenção dos bons funcionários, quanto para a avaliação precisa e correta de cada atuação. Mas, para as empresas realmente preocupadas com o crescimento e a motivação de seus colaboradores, as atitudes e as atuações são alvo de atenção. Por isso, manter-se alerta às respostas diante das solicitações, pequenas ou grandes, é imprescindível. Ficar atento à maneira de se comportar é uma boa política para a preservação da imagem pessoal e profissional. Principalmente nos momentos em que se está atuando fora da empresa. Para os que acreditam que a imagem pessoal não está atrelada à da organização para a qual trabalham, é melhor mudar de ideia.

Você é a empresa para a qual trabalha, queira ou não, e cada vez mais os detalhes servem como indícios de descontentamento ou de grande dedicação do profissional para com a organização.

Qualquer artista sabe quanto a boa educação é um valor que amplia a possibilidade de sucesso ou atrapalha substancialmente a carreira. O mesmo serve para todos os profissionais que atuam no mundo globalizado.

Para atuar profissionalmente sem receio de ser malvisto, é necessário cuidar e polir o comportamento e as atitudes que tomamos dentro ou fora da empresa.

CARTÃO DE VISITAS: A MARCA DO PROFISSIONAL

Quase tão importante quanto a roupa que vestimos, o cartão de visitas merece atenção tanto no cuidado com o visual quanto na maneira de usá-lo.

Além de poderosa ferramenta de comunicação, serve para apresentar pessoas e empresas, enviar presentes, pedir desculpas, prestar condolências, felicitações e cumprimentos. Tem a função de nos representar quando estamos ausentes. Por isso, é necessário atenção aos detalhes:

- O cartão deve ser branco ou em tons creme. Nada de cores fortes para chamar a atenção.
- O papel precisa ser durinho, mas não precisa ser caro. O importante é que seja escrito com letras legíveis na cor preta ou marrom.
- No cartão deve constar apenas a informação necessária: nome da empresa, do remetente, eventualmente o cargo, telefone, endereço e *e-mail*.
- O tamanho padrão é melhor e, em geral, um pouco mais barato.
- Nada de dobrar a ponta antes de entregá-lo para o outro; estraga o cartão e não tem sentido.
- Não ter um, na hora das apresentações, é ponto negativo para a imagem do profissional e para a empresa.
- Quando precisar escrever nele, use o verso.
- Se alguém lhe deu um cartão, não se esqueça de guardá-lo. Esquecê-lo sobre a mesa é falta de respeito.
- Todo profissional, mesmo no início de carreira, deve ter o seu.
- O cartão de visitas deve ser usado com cuidado; não saia entregando para todo mundo.
- O porta-cartão serve para manter os cartões limpos e sem amassar.

VOCÊ É A "BOLA DA VEZ"? SEJA DISCRETO

De tempos em tempos, alguém no ambiente de trabalho vira a "bola da vez". A pessoa recebe certo destaque por alguma contribuição feita para a empresa e, em função disso, passa a ser merecedora de atenção e de tratamento diferenciado. Vira uma estrela.

Muitos se enchem de orgulho e passam a acreditar que este estado de graça é permanente. Às vezes, o sentimento é tão intenso que o funcionário começa a se considerar superespecial.

Com isso, começa a infringir algumas leis universais – não desprezar os colegas de trabalho, não esquecer que as coisas mudam, não ficar cego pela sensação de bem-estar – e pode se transformar num ser insuportável.

Conviver com o sucesso e manter a cabeça no lugar não é fácil. No caso de se tornar a estrela maior no trabalho, é importante prestar atenção à maneira de agir com os colegas. Aceite com orgulho os elogios e o merecido reconhecimento, mas lembre-se de que nenhum feito é eterno, e tão logo o efeito do sucesso acabe, será necessário um outro para superar o anterior.

Ser a "bola da vez" não garante que se tenha o respeito dos colegas e o nome em destaque por muito tempo, até porque, com a velocidade dos acontecimentos e a memória curta das pessoas, logo um outro feito vai chamar a atenção de todos e ganhar notoriedade. Nessa hora, ser elegante, manter a lucidez e agir corretamente com os colegas de trabalho é sinal de prudência para, nos períodos de calmaria, não receber algum tipo de retaliação.

IMAGEM E COERÊNCIA

Embora a imagem que projetamos para os outros seja uma preocupação constante, a maioria de nós se esquece da responsabilidade do que projetamos a nosso respeito. Na maioria das vezes, esquecemos que uma boa imagem exige coerência entre o que é mostrado e a realidade.

Os descompassos de imagem são comuns inclusive nas famílias. Não é raro ver pais que pedem para seus filhos não beberem quando saem, mas eles próprios procedem de modo contrário. Mães que pregam a honestidade, mas roubam dinheiro do supermercado para comprar alguma coisa pessoal. Professores que pregam a ética, mas torturam os alunos só porque têm o poder de decidir quem passa ou não de ano.

Mas, no trabalho, a coesão entre a imagem profissional e a realidade da pessoa é vital para a credibilidade do profissional. Há perigo quando ocorre um desencontro entre o que se diz e o que se faz. Profissionais que pregam respeito e ética não podem se permitir, em momento algum, pequenos ou grandes deslizes. Quem prega respeito e ética precisa exigir de si mesmo respeito e ética. Este comportamento vale para tudo. É preciso ser o que se diz ser e acreditar no que se diz acreditar.

SÍNDROME DE ALEXANDRE DESTRÓI O ESPÍRITO DE QUALQUER EQUIPE

Não é difícil encontrar pela frente um colega que sofre da Síndrome de Alexandre.[1] Uma referência ao imperador macedônio que ficou conhecido por suas conquistas espetaculares.

O mal é que esta síndrome está ligada à necessidade pessoal e compulsiva de obter conquistas. Assim, suas vítimas não têm limites na busca da sensação do poder, da competência e do sentimento de grandes realizações.

Nada de ruim se, para chegar à sensação de sucesso, a pessoa não colocar em prática um verdadeiro vale-tudo: passar a perna nos colegas, manipular dados, roubar ideias etc.

Quem sofre desta síndrome infelizmente não tem limites, porque o que está em jogo é a sensação de vitória. Conviver com pessoas com este desvio de comportamento exige atenção constante e cuidados, uma vez que a ética e os bons modos não são muito importantes e não fazem parte do dia a dia.

Para evitar "entrar numa fria", o melhor é se manter distante de pessoas que sofrem deste mal. Porque, embora no início sejam altamente estimulantes e cheias de energia, podem levar qualquer boa equipe ao colapso.

O espírito de liderança pode até ser confundido com algumas características desta síndrome, mas são diferentes: o primeiro leva à sensação de orgulho, pertencimento e reconhecimento; o segundo, como se sabe, só leva ao sofrimento.

TRABALHOS E OPINIÕES DESCARTADOS: GERADORES DE POUCO-CASO

Tem se tornado comum o descarte sem nenhuma cerimônia do trabalho e da opinião das pessoas que compartilham do dia a dia do trabalho nas empresas.

Por exemplo, o critério de avaliação de uma opinião – ser boa ou ruim – ou de um trabalho realizado – se vale a pena ou não – costuma ser pautado mais pela relevância e hierarquia do colaborador do que pela sua real importância para a organização. Por isso, tornou-se hábito um gestor pedir um determinado trabalho e, muitas vezes, depois de pronto, não dar nenhum *feedback* para quem o realizou ou não fazer uso do que foi solicitado.

---

[1] Segundo Amaury Segalla, no artigo *A angústia da vida executiva*, publicado pela Revista Época, não foram poucos os altos executivos que disseram aos pesquisadores aguardar, a qualquer momento, uma metafórica facada pelas costas. Na impossibilidade de compartilhar suas angústias, o líder tende a se isolar. Nesse teatro corporativo, é comum observar o que é chamado no estudo de "Síndrome de Alexandre", referência ao imperador macedônio conhecido por suas conquistas espetaculares. Nestes tempos, a síndrome traduz a necessidade pessoal compulsiva de obter uma sequência interminável de conquistas. Aparentemente invencível, Alexandre, o Grande, morreu aos 32 anos, em consequência de ferimentos de guerra. Os executivos brasileiros também carregam inúmeros ferimentos das batalhas corporativas, vencidas ou não. O principal deles é a infelicidade.

Da mesma forma, não é incomum, nas reuniões, abrir espaço para colaborações, sugestões e perguntas, e simplesmente cortar a pessoa que as emite assim que ela começa a falar.

Esses comportamentos são, além de desestimulantes, a prova explícita de que aquele colaborador não significa nada, não merece nem mesmo a atenção na hora de uma simples reunião na empresa.

Muitas vezes, na ânsia por dar respostas rápidas, deixamos de lado atitudes que poderiam ser muito valiosas para o ambiente organizacional; entre elas, motivar os colaboradores a participar. Deixar de validar uma opinião ou um trabalho é o caminho certo para ter, no futuro, um funcionário desmotivado e com raiva. Por isso, pesar a propriedade e a pertinência do que se fala e, naturalmente, da atitude que se toma com todos é vital para que se obtenha como resposta pessoas realmente envolvidas e dispostas a participar.

Como exemplo, reproduzimos a carta de um leitor que mostra como as coisas acontecem: "Preciso urgente desabafar. Estou muito irritado porque, depois de passar três dias colaborando ativamente para o trabalho de um colega, após a conclusão não recebi o material para ver como tinha ficado nem um muito obrigado da parte dele. A situação em que o trabalho foi realizado foi muito complicada".

Neste caso, ele está certíssimo de ficar irritado, porque pedir a ajuda de uma pessoa e se esquecer de compartilhar o resultado e agradecer é um comportamento bastante grosseiro.

SEJA PRUDENTE AO DELEGAR UM TRABALHO

Dizem que entre os desafios de ser um bom líder está o de conseguir delegar responsabilidades sem ficar se remoendo de preocupação.

Está certo, mas, antes de sair confiando cegamente nas pessoas, é bom ter certeza de que o colega que recebeu a missão vai cumpri-la a tempo e com perfeição.

Mesmo confiando, convém verificar sistematicamente o andamento do trabalho e programar a entrega com tempo hábil. A ideia é que o controle propicia a tomada de atitude em caso de necessidade.

Para arrematar, depois do trabalho pronto é fundamental não passá-lo adiante sem antes conferir se está correto. Este procedimento não significa desconfiança, mas muita prudência.

BALANÇAR-SE NA CADEIRA: NÃO PRATIQUE ESSA BRINCADEIRA

Numa reunião com o pessoal do escritório, o chefe, muito bravo, comandava os relatórios sobre os últimos números da empresa. A situação estava "preta", ninguém tinha "dado conta do recado" naquela semana.

Angustiado com o mau desempenho da equipe, ele começou a se balançar na cadeira para a frente e para trás, num movimento rítmico e constante.

Num dado momento, irritadíssimo, fez um movimento mais forte e ...*Puft*! Caiu estatelado de pernas para o ar, ficando preso entre a cadeira e a parede.

Os membros da equipe correram para ajudar... mas o riso, este levou muito tempo para passar. Moral da história? Balançar-se na cadeira... Não pratique essa brincadeira! Você pode se dar mal.

NADA DE GRANDE ACONTECE SEM A COLABORAÇÃO DOS PEQUENOS

Todos os dias a mídia nos leva a crer que a marcha para o sucesso é pautada pela ação das grandes figuras, homens e mulheres.

Na imaginação de alguns executivos, principiantes ou não, os pequenos atos, contribuições e detalhes são coisas irrelevantes, uma vez que não serão notados.

Todos nós sonhamos, no final do filme, aparecer *bem na foto*, estar bonito. Para tanto, precisamos deixar evidente do quanto somos capazes. É uma questão de sobrevivência.

Não importa quanto a pequena colaboração some num grande projeto, porque, de certa forma, todos nós sabemos que somente os grandes, os que se mostram agigantados no final, ganharão os créditos.

Grande pena, triste erro. Os grandes não são ninguém sem os que efetivam os detalhes. Obama e Hillary não teriam a menor chance sem lavadeira e passadeira competentes para suas roupas.

O mesmo se pode dizer dos reis, rainhas, primeiros-ministros e presidentes de companhias. Mas, para entender isso, é necessário ser minimamente humilde e aceitar que nem sempre vamos ou podemos ser os protagonistas da história.

Quando assistimos a um filme, focamos o ator principal e esquecemos o batalhão de pessoas necessárias para dar forma ao personagem. Na verdade, os atores só materializam o trabalho de centenas de pessoas que cuidaram dos detalhes. São meros veículos de um projeto.

É de se pensar o que seria de um filme sem os atores secundários para dar força ao personagem principal, sem as costureiras para dar forma à imaginação dos estilistas e sem os subalternos para materializar o desejo de seus presidentes.

A verdade é que, invertendo os valores e a ordem estabelecida, os que executam as pequenas funções talvez sejam tão ou mais importantes do que os que estão no comando.

Sem os pequenos não se efetivam os grandes sonhos!

O RISCO DE SER PORTA-VOZ

Não é difícil encontrar colegas dispostos a levar adiante eventuais reivindicações que possam surgir no ambiente de trabalho.

Não há nada de errado em assumir a função, até porque as empresas precisam saber o que está acontecendo para poder reformular posições ou melhorar sua eficiência.

Se feita da forma correta, essa atitude pode ser uma grande e agradecida contribuição. Mas é preciso cuidado ao tomar a iniciativa de representar o pensamento dos colegas; quem assim age corre o risco de *ficar sozinho na história*, caso as *coisas* se compliquem. Por isso, antes de se dispor a *dar a cara para bater*, é prudente verificar o impacto do que vai ser pedido e o quanto esta atitude pode expor sua imagem.

No caso de considerar a exposição arriscada, é conveniente usar de assertividade com os colegas para declinar da *honra*.

CAPÍTULO 15
FESTAS E COMEMORAÇÕES

FESTA DE FINAL DE ANO NA EMPRESA: CUIDADO!

Festa de confraternização da empresa é como dinamite, se não mexer com cuidado o "troço" explode. A mistura é delicada: gente cansada, muito álcool e música animada. Não leva muito tempo e a alegria é geral.

Não existe festa de confraternização sem uma grande "pisada de bola", assanhamento de chefe, gente com vontade de tirar a "barriga da miséria" e bêbado. São as fragilidades humanas e a proximidade do final de ano. Os corações ficam enternecidos, o amor aflora e, "bobeou", a comemoração vira o maior "barraco".

A festa de fim de ano na empresa é ótima para se entender como foi e como será o próximo ano, quem "está com a bola toda", qual vai ser o próximo caso amoroso e quem está perdendo a munição.

O discurso é sempre básico – agradecimentos óbvios –, e sempre aparece um chato, não entendendo por que a empresa gasta tanto dinheiro nesta festa. Mas nada disso importa, porque o que todos esperam ansiosos é ver quem vai ser o motivo da diversão.

Para os que nunca participaram, é bom saber que a festa é de confraternização somente para os que ficam espertos. Portanto, vale a pena tomar algumas precauções:

- As mulheres devem escolher muito bem a roupa. Decote generoso, roupa transparente, justa e curta não são recomendados. O correto é usar roupa social se o evento for à noite: saia e blusa ou vestido discreto. Se o evento for esportivo, calça que não seja apertada e nada de barriga de fora.
- Os homens devem comparecer vestidos de acordo com o que está sendo pedido no convite. Sandália, bermudão ou tênis apenas se o evento for na praia; caso contrário, o traje certo é terno ou calça social e camisa.

- Apesar de a festa, em geral, ser regada a muita bebida alcoólica, se possível não beba. Com a "guarda baixa" corre-se o risco de falar o que não deve, concordar com o que não é aceitável e perder sinais importantes do que está acontecendo.
- Dançar agarradinho, "tirar casquinha" de algum colega ou ceder a uma grande tentação podem ser motivos de futuros transtornos. É preciso lembrar que ninguém espera mais o sol nascer para fazer fofoca; o torpedo, o *orkut*, o *twitter* e o *e-mail* estão aí para acelerar a comunicação.

Mas, apesar das possíveis confusões e deslizes, graças a Deus a festa se repete todos os anos. Os ruins ficam bonzinhos por uma noite, todo mundo jura que se ama, a empresa agradece o esforço de todos e, para os que comparecem, no fundo, bem no fundo, é muito bom!

O SIGNIFICADO DOS PRESENTES

Os presentes têm a função simbólica de marcar um momento. Embora alguns possam se sentir eventualmente lesados financeiramente, se pensarmos bem, é muito bom *ter* alguém querido com quem gastar.

Mas presentear sem magoar ou desrespeitar quem recebe o presente é também uma arte que precisa ser entendida. O presente é uma comunicação simbólica na qual estão expressos nossos sentimentos mais pessoais.

Ao ganharmos um presente, não é difícil perceber se a pessoa, por meio dele, nos disse: "Parabéns, você é querido!" ou "Eu fui obrigado e você para mim não significa muito".

Quando presenteamos, transformamos os objetos comuns em especiais, personalizamos o que compramos com os significados embutidos na escolha. Presentes simbolizam pensamentos transformados em objetos e as funções para a qual foram destinados se ampliam, passando a representar, também, o que pensamos sobre a pessoa presenteada.

Não é difícil, ao recebermos um presente, termos clara consciência de que fomos alvo de afeto, desrespeito ou de pura demonstração de poder.

O que fazer para acertar? Simples: pense com cuidado em cada passo antes de dar o presente. Para quem vai dar:

- Comece se lembrando das preferências, dos gostos e das peculiaridades da pessoa a ser presenteada. Caso não saiba, pergunte para os mais próximos. Só não vale dar uma lembrança sabendo que, depois, a pessoa vai ter de trocá-la.
- Tenha claro o quanto pretende gastar. Quando se exagera, a tendência é acabar com raiva da pessoa que vai receber o presente, principalmente se o agradecimento não for compatível com ele.

- Não economize nas fitas e no cartão, pois tudo começa com a abertura do pacote. A ideia é surpreender e encantar quem recebe o mimo. Tenha cuidado para não amassar a embalagem.

Para quem vai receber:

- Passar o presente ganho para a frente é "pisar feio na jaca". Ganhou, não gostou, azar. Jogue fora ou troque, mas não dê para outro. Todo mundo sabe quando recebe um presente de segunda mão.
- Ao receber um presente, não se esqueça de abri-lo na frente da pessoa de quem recebeu e agradecer na hora. Deixar para abrir depois não é lá muito elegante na nossa cultura. Caso não seja possível, lembre-se de agradecer no dia seguinte.

Trocar é uma possibilidade que deve acompanhar o presente; caso contrário, corre-se o risco de o investimento não ter servido para nada. Comprar um presente em liquidação, mesmo sendo bom, pode dar a impressão de que a pessoa nada significa para quem dá o presente.

AMIGO SECRETO: PRESENTE MÁGICO OU TRÁGICO?

É normal. Com a aproximação das festas de fim de ano começa a preocupação com os presentes do amigo secreto.

Com o objetivo de facilitar, tornou-se hábito nas empresas estabelecer quanto o presente pode custar, chegando ao cúmulo de se dizer até o que se quer ganhar e onde a pessoa deve comprá-lo.

Mesmo assim, vai e vem amigo secreto e fica claro que, enquanto alguns saem dessas festas com o gostinho de Natal, outros acabam com uma raiva danada. Quem se sentiu obrigado a participar e teve de gastar mais do que pretendia fica aborrecido. Já quem se sentiu menosprezado com o presente que recebeu sai arrasado.

Poucas pessoas se lembram de que o presente é uma boa oportunidade para avaliar quanto somos queridos ou queremos bem a alguém. Através dele, é possível deixar claro quem tem poder, quando o que se recebe não pode ser retribuído; ou a importância que se dá para a pessoa, quando um presente é bem melhor do que qualquer outro.

Presentear é um ato cheio de significados. Se não houver cuidado, pode-se transformar num insulto ou causar grande constrangimento. Tudo é importante num presente, desde a escolha do que dar até a forma como embrulhá-lo.

Para os japoneses, a forma como o presente está embalado é tão importante que criaram o *wrapping*, uma técnica para embrulhar lembranças, que demonstra, entre outras coisas, modéstia, refinamento e a importância que se deu àquela pessoa.

Presentear não significa apenas comprar alguma coisa para alguém ou gastar muito dinheiro. Presentear é entregar um pouco de si a quem se presenteia. Por isto merece cuidados. Respeitar o valor estipulado para o presente não significa comprar qualquer coisa. Presentear exige um interesse por quem vai receber. É preciso se colocar no lugar do outro e imaginar como agradá-lo.

Não se deve gastar mais do que se pode. Presentear deve ter sabor de alegria, de desprendimento, e não de "dor no bolso".

Sentiu-se insultado com o presente? Não precisa dizer que gostou; dependendo do que foi, nem agradeça. Quem não percebe o que fez, não merece que se gaste tempo com delicadezas.

Os orientais é que são sábios porque, ao contrário de nós, eles abrem o presente depois de recebido. A ideia deles é valorizar o ato, e não o presente.

O amigo secreto é ocasião para estreitar vínculos e somar simpatias. É um ritual que precisa ser compreendido e valorizado para que não se perca o que tanto se procura: o *Espírito do Natal*.

UMA LEMBRANCINHA PARA A DONA DA CASA

Quem é convidado para ir à casa de um amigo, de um colega de trabalho ou de um chefe não pode se esquecer de levar um agrado para a anfitriã.

Pode ser um único bombom, caso o convidado esteja duro como uma tábua de passar roupa. Agir desta forma é simpático, uma vez que a pessoa que está recebendo, bem ou mal, terá trabalho.

A lembrança mostra que o convidado está agradecido pelo convite e que reconhece o esforço. E, quando se é recebido muitas vezes na mesma casa, deve-se repetir o gesto, se possível, sempre.

O que levar? Qualquer coisa que se saiba ser do gosto da anfitriã: uma garrafa de vinho, um vasinho de flor, um chocolate ou outro objeto. O que importa é o gesto, e não o valor do presente.

Se o anfitrião for homem, o gesto deve ser o mesmo. Levar uma lembrancinha para as crianças, quando há crianças na casa, é da mesma forma uma atitude muito simpática.

CAPÍTULO 16
VIAGENS DE NEGÓCIOS

A MARCA DA EMPRESA NAS MÃOS DOS FUNCIONÁRIOS

Imagine a seguinte cena: saguão do Hotel Sheraton em Buenos Aires, cento e sessenta funcionários de uma indústria farmacêutica brasileira, no auge da animação.

De camiseta, jeans, boné e mochila pareciam verdadeiros totens animados, exibindo a marca da empresa em cada pedacinho deles.

As mulheres, por algum motivo ainda desconhecido pelos cientistas, são sempre muito alegres. Os gritinhos de entusiasmo, neste caso, davam indicações claras de que o dia havia sido muito agradável.

Os homens, pelo menos nessa reunião, não se comportavam de maneira diferente: uma troca de tapas e abraços, apesar de violentos, dava o tom da agitação.

Ninguém da empresa percebeu, nem mesmo os diretores, que eles eram observados por todos os que estavam ali, no *lobby* do hotel. De repente, com passinhos de samba, uma voz chamou a atenção: "Amor, estou subindo para me trocar". E, como resposta, o *lobby* ouviu: "Não precisa, linda, você está gostosa!".

De nossa parte, considero engraçado ver uma empresa "detonar" a maior grana nessas reuniões e se esquecer completamente de que o comportamento dos seus funcionários, alegres ou não, é parte da sua marca. Ao não se incomodar com as manifestações em público dos seus funcionários, deixa evidente que não se preocupa tanto com o que o público externo pensa sobre ela.

As manifestações em grupo, vestindo o logo da organização, precisam ser pensadas além do evento e da sua repercussão interna. A ideia de, literalmente, vestir os funcionários com a camiseta da empresa exige, além da demonstração de entusiasmo pela marca, o respeito a quem, por acaso, esteja de passagem, só olhando.

Neste caso, em especial, implicaria uma preocupação adicional de deixar claro, até no *lobby* do hotel, que nós, brasileiros, não somos só samba, praia e má-educação.

COMPORTAMENTOS QUE DEVEM SER EVITADOS EM PÚBLICO

A onda de misturar o que é público com o privado faz as pessoas "pisarem na jaca" de modo bastante feio.

No saguão de um hotel, em Berlim, um casal jovem armou a maior confusão ao desfazer no chão uma das malas que carregava.

Imaginem: seis e trinta da tarde, hora de movimento no hotel, e uma mala grande totalmente aberta e desarrumada no saguão. A falta de cerimônia do casal deixou os seguranças e o pessoal da recepção sem ação, porque, além da desorganização, os dois discutiam.

A confusão durou cerca de vinte minutos, tempo suficiente para se saber que a dupla tinha um bocado de roupa suja, sapatos gastos, material de limpeza mal-acondicionado, uma montanha de malhas para o frio que não veio, alguns presentinhos, e que não estavam se dando bem.

Os passantes, obrigados a se desviar do casal, pareciam não acreditar. Afinal de contas, o hotel era caro e, por mais "galera" que os hóspedes sejam, imagina-se que estão pagando por um ambiente elegante. O correto teria sido pedir à recepção um lugar discreto para realizar a operação.

Quanto ao casal, estava tão preocupado consigo mesmo que se esqueceu de que estava em público, e não num local privado.

DIVIDIR O QUARTO COM ALGUÉM EXIGE RESPEITO

Com a economia em alta, é cada vez maior o número de empresas que estão investindo no aperfeiçoamento de seus funcionários.

Para melhorar a interação entre as equipes e estimular suas competências, as organizações usam e abusam dos treinamentos fora da cidade. São sempre dois ou três dias, nos quais os participantes têm de correr, saltar, pintar e, algumas vezes, fazer coisas incomuns, como nadar num rio no meio da noite.

Embora uma pequena parte dos envolvidos deteste passar o final de semana longe da família, é preciso dizer que muitos adoram o programa. Independente de ter ou não vontade, todos são obrigados a participar e, na maioria das vezes, a dividir o quarto com outra pessoa, o que é motivo de muita confusão e desentendimento.

Quando uma pessoa divide o dormitório com outra, está dividindo o banheiro, o quarto, e sua vida privada. São momentos delicados, que exigem muito cuidado na forma como cada um se comporta.

Dividir significa ficar com menos do que se tinha. Essa observação vale também para o espaço do quarto. Portanto, os bagunceiros de plantão, os insones e os barulhentos precisam tomar cuidado, porque, durante essa convivência, ficam à mercê dos olhos e das críticas dos companheiros de trabalho. É preciso mudar temporariamente os "maus" hábitos, sejam eles quais forem, para evitar ficar malfalado. Torna-se importante pensar em alguns detalhes antes de "entrar numa fria":

- Quem ronca ou tem alguma mania que pode incomodar o companheiro temporário deve avisar a empresa para que se providencie acomodação separada ou pelo menos se procure, entre os participantes do evento, alguém que não acorde fácil.
- Lembrar que desordem e roupas jogadas no chão não podem acontecer quando se divide o quarto com um colega. Guardar tudo antes de deitar é uma maneira de mostrar consideração.
- Escova e pasta de dente jogadas na pia, toalhas largadas no chão e vaso sanitário com a descarga sem puxar não devem fazer parte do final de semana. Ninguém precisa compartilhar a visão do inferno.
- Televisão ligada enquanto o outro tenta adormecer é ter feito um pacto com o diabo. Atormenta e, é claro, não é prudente.
- Andar nu pelo quarto, mesmo tendo um corpo de Adônis, é muito inconveniente, além de se sujeitar a maledicências.

Lembre-se: compartilhar ocasionalmente o quarto com alguém diferente dos relacionamentos íntimos requer atenção redobrada, sacrifícios de ambas as partes e muito respeito.

NA HORA DE VIAJAR, É PRECISO NÃO SE ESQUECER DOS "OUTROS"

Todos os dias, os saguões dos aeroportos do mundo ficam lotados de viajantes que, junto com suas bagagens, carregam sonhos, negócios a resolver, alguns problemas e possibilidade de conhecer lugares diferentes daquele em que vivem.

Graças às tecnologias, o mundo ficou tão pequeno e os deslocamentos tão fáceis que pegar um avião é quase como tomar um ônibus ou metrô.

Mas esta facilidade cobra, sem distinção, em determinados momentos, uma paciência acima do esperado. Não é raro, para o viajante, ter de se defrontar com os maus modos das pessoas nos aeroportos e nas aeronaves. E, em alguns casos, as viagens, que deveriam ser motivo de alegria e prazer, acabam em incidentes e desentendimentos que, com um pouquinho de cuidado, poderiam ter sido evitados. Por isso, todo passageiro, executivo ou não, deve cuidar não somente do seu conforto, mas também de suas atitudes e de seus comportamentos para que não acabem, sem querer, incomodando os que estão na mesma situação.

Para tornar uma viagem mais agradável, seria ótimo se todos tomassem alguns cuidados:

- Antes de preparar a mala e decidir quais pacotes pretende levar para dentro da aeronave, é bom prestar atenção se o tamanho ou a quantidade de coisas não vai incomodar as pessoas que estão próximas.
- Ao utilizar os bagageiros, é prudente verificar se não está amassando ou estragando os pertences de outro passageiro que, por acaso, está compartilhando o mesmo espaço.
- Os comissários de bordo estão disponíveis, em primeiro lugar, para garantir a segurança dos passageiros e, depois, para servir. "Obrigado", "Por favor,..." e "Será que é possível..." são sempre muito bem-vindos.
- Para tirar os sapatos no avião é preciso ter certeza de que as meias estão limpas e os pés não estão malcheirosos. Faz mal para os pulmões alheios passar pelo sufoco de um cheiro de azedo durante a viagem.
- Quem está sentado nas poltronas do corredor tem obrigação de ser simpático e manter o acesso livre, a qualquer hora, para a pessoa que está no assento ao lado. Não existe nada mais aborrecido do que passageiro carrancudo que se acha no direito de restringir a passagem.
- Ler é uma das poucas distrações de quem viaja de avião. Mas, ao abrir um jornal ou revista, é preciso tomar cuidado para não incomodar a pessoa ao lado. Quanto a revistas masculinas, dependendo de quem está sentado na poltrona vizinha, será simpático adiar a leitura.
- Com o *iPod* é importante não perder a noção de volume. Muitas vezes o som do companheiro é tão alto que é possível compartilhar a música sem colocar o fone de ouvido.
- Papéis e outros lixos devem ser entregues aos comissários. De tempo em tempo, em voos longos, é importante fazer uma pequena arrumação no espaço que se ocupa. Nada mais desconfortável do que embalagens e sujeira no chão ao lado.
- Ao se preparar para dormir, é importante verificar se não houve avanço no espaço que pertence ao assento vizinho. Cotovelos, braços e cabeças em determinadas ocasiões não deviam existir.
- Os banheiros do avião devem ser usados com cuidado. Jogar o papel higiênico no lugar apropriado e deixar o local em condições de ser usado por outra pessoa é questão de civilidade e humanidade.
- Para os passageiros que sofrem de mau humor crônico, infelizmente, a única solução é mudar temporariamente de atitude. Voar pode ser um ótimo momento para aprender a conviver com outras pessoas sem causar dificuldades ou problemas.

A NEUROSE DO CELULAR E O CAFÉ DA MANHÃ NO HOTEL

Durante um mês, todos os cafés da manhã do hotel foram marcados por conversas, discussões e muita briga de executivos falando ao celular. Não importava a hora. O inconveniente aparelho estava presente logo no início do dia.

Dizem que vida de hotel de negócios é assim mesmo. Nossa privacidade e tranquilidade auditiva vão para o espaço.

Para quem não vive esta situação, a história é a seguinte: você mal acordou, seu cérebro ainda não começou a funcionar e um ou mais neuróticos aparecem falando de negócios, alto, ao celular. Alguns, "muito elegantes", para não incomodar seus parceiros de mesa, levantam-se e se encaixam em pé entre a sua e a mesa ao lado para discutir alguma pendência ao telefone. Muitas vezes a conversa leva horas, e quem não tem nada a ver com o papo é obrigado a ouvir o que não lhe interessa.

É preciso dizer que executivos, solitários ou em grupos, em viagem ou não, lembram pragas alucinadas querendo mostrar serviço, prontas para atacar; os solitários ficam procurando na sua agenda de contatos alguém para incomodar e passam o tempo todo discando ou falando ao telefone; já com os grupos é diferente, pois se apossam do local como se fosse o próprio escritório, discutem as ações, fazem e refazem os planos, debatem o futuro da companhia, como se estivessem sozinhos.

Falta de observação, educação e cuidado com quem está ao lado são marcas que infelizmente a maioria que viaja a negócios deixa por onde passa. É sempre a mesma história, confunde-se demonstração de poder, sucesso e competência com grande indelicadeza.

CAPÍTULO 17
ENTREVISTAS DE SELEÇÃO: NÃO CAIA EM ARMADILHAS

VOCÊ VAI ENCARAR UMA ENTREVISTA DE SELEÇÃO?

Um bom currículo é muito importante para a pessoa ter oportunidade de ser convocada para uma entrevista de seleção. Se bem escrito, ele pode facilitar o caminho para uma entrevista. Porém, quando mal-apresentado, corre-se o sério risco de ser recusado logo no início do processo.

Para ter sucesso são necessários certos cuidados:

- Ser claro e usar de objetividade. Uma página para quem está começando a vida é mais do que suficiente. Mas pessoas com mais tempo de carreira podem e devem se estender mais; currículos muito resumidos mostram pouca experiência.
- Resumir experiências. O currículo de quem teve experiências anteriores deve ter tópicos curtos, citando, brevemente, cada uma delas, para justificar a pretensão.
- Enfatizar promoções.
- Cuidar da apresentação. *Softwares* de editoração eletrônica e impressoras a laser ajudam a produzir uma apresentação visual correta.
- Ter atenção ao português. Erros de ortografia, gramática e digitação ajudam a "bombar" o candidato.
- Pagar uma revisão do texto, quando não se tem certeza da correção gramatical.
- Começar as frases com verbos de ação, tais como: construí, reduzi, administrei, organizei etc.
- Deixar para o momento da entrevista a razão de ter deixado o emprego anterior.
- Usar frases curtas; evitam-se, assim, erros de gramática.
- Eliminar do currículo palavras como: grande, inacreditável, demais e outras do mesmo estilo.

- Ter cuidado com as margens, que devem ser largas, e com as letras, que devem ser legíveis. Exemplo: Times New Roman, 12.
- Colocar o nome, endereço e telefone no início da primeira página. São informações fundamentais para o candidato poder ser encontrado.
- Não colocar os números do RG e do título de eleitor.
- Eliminar informações sobre raça, religião e filiação partidária, que nada têm a ver com competência. É questão de bom-senso.
- Deixar para discutir na entrevista a pretensão salarial.

ETAPAS DO RECRUTAMENTO E SELEÇÃO DE CANDIDATOS: COMO SE SAIR BEM

Com a economia globalizada, os programas de seleção e recrutamento têm ampliado suas exigências e dificuldades.

É comum, num dado momento, a empresa pedir que os candidatos preparem uma apresentação de três a cinco minutos sobre qualquer assunto. Nessa hora, muitos candidatos ficam, não sem razão, com sérias dúvidas sobre o que falar. Mas a ideia é simples: o que se espera é ver criatividade, desembaraço e, naturalmente, postura na forma de apresentar o assunto. Os temas não devem ser relativos ao trabalho que se busca, mas, de modo geral, é o que os candidatos preparam. Por isso, a apresentação vira "um porre" para quem tem de escutar vinte ou trinta pessoas.

O que se espera é surpresa e arrojo, mas ao mesmo tempo seriedade. Como fazer? Simples, discorra sobre temas como:

- Crianças dão trabalho. Fale sobre a importância do parquinho na manutenção da saúde mental das crianças, porém enfatize que a disposição dos pais em manter as regras da educação é essencial. Brinque com o tema.
- A receita do suco de tomate e a vida executiva. Fale sobre a importância de saber falar como preparar um bom suco de tomate para quebrar o gelo numa conversa com um novo cliente.
- Dança de salão e a disposição para trabalhar no dia seguinte. Enfatize os benefícios da dança de salão, lembrando, porém, que no dia seguinte "a coisa pega" quando a aula se estende para um bate-papo animado com chopinho.

A ideia é falar sobre coisas simples, de um jeito interessante, se puder com humor e com algum conteúdo. Espera-se originalidade e presença de espírito. Portanto, ao se apresentar:

- Não tema ser arrojado; dependendo do cargo é o que se espera. Surpreenda a plateia.

- Não dê risadas durante a apresentação, seja sério. Lembre-se: comediantes nunca riem.
- Fale com a mesma seriedade com que comentaria o balanço da empresa.
- Não ouse falar de temas complicados ou politicamente incorretos, como:
  - Canibalismo é uma saída para a fome no mundo.
  - Lugar de mulher é mesmo no tanque.
  - O viagra impede a lucidez na terceira idade.
  - Beber e dirigir são comportamentos saudáveis.

Temas difíceis servem para eliminar, e não para ajudar o candidato. De resto, tenha calma, apresente-se bem-vestido e confiante, porque quem tem fé vai longe!

FALE-ME SOBRE OS SEUS PONTOS FORTES

"Fale-me de você", "Quais são seus pontos fortes", "Quais são os seus pontos fracos?"

Com essas perguntas, o que o selecionador espera ouvir de resposta? O que ele quer saber do candidato? Existe uma resposta padrão?

Quem está conduzindo a entrevista deseja obter o maior número possível de informações sobre o candidato no menor espaço de tempo, e, no final, escolher o que mais se ajuste ao cargo em questão.

Como ninguém é perfeito, sair falando que não tem defeito não "gruda". Tanto os pontos positivos quanto os negativos precisam de um tratamento quando forem abordados. Exagerar no que se acredita ser bom e calar-se em relação aos pontos ruins deixa claro que o candidato está mentindo.

Para os pontos negativos, a resposta comercial e aceita é: "Estou tratando os aspectos que precisam ser melhorados com atenção e empenho". Não existe resposta padrão; só não é bom mentir. Omitir é perdoável. Mentiras, mesmo que não sejam percebidas, se descobertas, com certeza prejudicarão a imagem do profissional. É preciso ser objetivo e não se estender em assuntos que possam deixar aparentes os pontos frágeis.

Existem algumas perguntas que são frequentes; por exemplo: "Por que deixou o emprego anterior?", "Fale sobre seu chefe", "O que suas referências dirão a seu respeito?".

Atenção:

- Treinar antes da entrevista garante respostas mais acertadas.
- Permanecer tranquilo é outro ponto importante para que o entrevistador veja como o candidato se coloca em situação de pressão.
- Evitar colocar pertences na mesa do entrevistador é importante.

- Não ficar colocando a mão no cabelo é determinante.
- Desligar o celular é fundamental.

Lembre-se: o selecionador está atento a qualquer pequeno gesto.

APRENDA A CAMUFLAR OS PONTOS FRACOS DO SEU CURRÍCULO

Você tem algumas "coisinhas" que não são para ser contadas? Puxa, que bom! Você é normal.

Esse "negócio" de ter de parecer perfeito, supereficiente e incansável é muito complicado quando se é humano. Vamos, então, fazer como todo mundo: camuflar o que não deve ser realçado. Não se deve dar informações falsas; hoje, credibilidade e transparência são muito valorizadas.

Sugestões:

- Ficou num emprego só três meses? Não deu certo, deixe o assunto fora da conversa.
- Já está meio "passadinho", mas é muito experiente? Escreva o currículo na ordem cronológica, do presente para o passado. Deixe de fora empregos muito antigos.
- Ficou fora do mercado muito tempo? A solução é não incluir datas exatas de entrada ou de saída dos empregos.
- Não concluiu o curso universitário? Deixe as qualificações acadêmicas para o final do currículo.
- Comemorou mais de 45 anos? Não mencione a idade, nem o ano em que frequentou a universidade, nem os empregos mais antigos. Assim parecerá mais jovem.
- Pretende mudar de cidade enquanto procura emprego? Providencie uma caixa postal ou um telefone de recados na cidade em que pretende trabalhar. Recrutador prefere que o candidato seja da cidade.
- Fotos no currículo? Apenas se houver o pedido. Mas, veja bem, nada de poses de *miss*, de atleta ou de modelo. A foto certa é a básica.

O objetivo é conseguir chegar à entrevista, para ter a chance de mostrar seu potencial. Não tente enganar.

TIPOS DE CURRÍCULOS

Para começar, um currículo pode ser escrito de três maneiras diferentes: currículo cronológico, funcional e cronológico-funcional.

Cronológico: as experiências profissionais são apresentadas na ordem cronológica; as mais recentes colocadas em primeiro lugar. Costuma ser a forma mais usada e bem-vista nos recrutamentos, porque mostra o desenvolvimento da carreira do candidato.

Funcional: destaca as funções, e não os empregadores. É um bom formato para quem mudou de emprego com frequência, teve outras carreiras ou experiências curtas. Este modelo é interessante quando algumas das funções exercidas não contribuem para o cargo pretendido, porque ficam pouco enfatizadas. Porém, é preciso colocar, no final do currículo, as empresas para as quais trabalhou, em ordem cronológica.

Cronológico-funcional: relaciona a ordem cronológica inversa dos empregadores (da primeira para a última) com os cargos, realçando a experiência. É adequado para pessoas que têm uma carreira sólida e estável, e bastante experiência.

COMUNICAÇÃO INTEGRADA: HONESTIDADE E A VIDA PROFISSIONAL

O nome é esquisito: "comunicação integrada", mas o significado e a aplicação servem para empresas e, pasme, para pessoas.

A comunicação integrada ocorre quando todos os canais de informação da empresa conversam sem ruído. Melhor dizendo, todo mundo se entende, está de acordo e "a coisa toda rola" sem problemas.

Com os funcionários, é assim que precisa acontecer. O salário precisa combinar com o padrão de vida, que precisa combinar com o vestuário e com o jeito de a pessoa ser.

Quando nada disso acontece, é ruído na certa. A pessoa fica parecendo pretensiosa e até meio estranha. Não existe nada mais pegajoso do que uma pessoa querer parecer o que não é. Exemplos? Fácil. Chefes metidos a entendidos, mas que, na realidade, sabem pouco; funcionário que ganha um subordinado e julga que virou o presidente da empresa; secretária que pensa que é a mulher do chefe etc.

A ideia é a seguinte: quando alguma coisa não é real em alguém, torna-se dissonância, ou seja, não combina. Não se trata de usar o chavão "Eu sou autêntico"; mas não se deve acreditar que é possível ser o que não se é sem que ninguém perceba.

Portanto, é preciso ser honesto consigo próprio e, consequentemente, com os outros. É mais ou menos como gravidez: não dá para estar apenas meio grávida.

A ROUPA CORRETA PARA A ENTREVISTA DE SELEÇÃO

Além de currículo elaborado de maneira correta e com relevância para as competências necessárias ao cargo a que se pretende, a escolha do que vestir para a entrevista é fundamental.

Para os homens e mulheres, a roupa deve ser a mais discreta possível. Chamar atenção para o corpo ou para a roupa pode não ser uma boa ideia.

Para as empresas, a roupa de trabalho deve deixar claro o comedimento e a certeza de que os gostos individuais estão, pelo menos naquele momento, anestesiados.

Para as mulheres, o que usar na entrevista de seleção é uma decisão difícil, porque as possibilidades de combinações e alternativas são inúmeras, mas o bom-senso deve prevalecer. No caso de vestidos e saias, a atenção deve ser em relação ao cumprimento, decote e o tipo de modelagem. Roupas muito justas, tecidos que marcam o corpo, comprimento mais do que três dedos acima do joelho são desaconselhados.

Além da roupa, a meia-calça de seda, o sapato, a bolsa e os acessórios também fazem parte do traje feminino para a entrevista de seleção, uma vez que o que estará sendo avaliado é a capacidade de a candidata mostrar que, além de equilíbrio na roupa, sabe usar os complementos com cautela e trabalhar o conjunto em função da idade, tipo físico e, naturalmente, do cargo a que se candidata. O importante é deixar claro, através da escolha do vestuário, que as energias estão focadas no desempenho profissional, pelo menos naquele momento.

Os homens sofrem a mesma pressão, mas têm mais oportunidade de acertar, uma vez que se apresentam com terno ou com camisa, sapatos e calça social. Para os ternos, o candidato não erra se usar os clássicos, na cor cinza em tom pesado ou azul-marinho profundo.

Para o homem ou a mulher, o importante é sentir-se bem, inclusive com os sapatos que, além de impecáveis, devem ser confortáveis, porque é impossível pensar sentindo dor nos pés.

Detalhes importantes para as mulheres:

- A maquiagem deve ser discreta; nada de batons vermelhos ou fortes. As cores corretas são rosa e tons da cor da boca.
- Lembrando que, se a pintura do olho for mais carregada, a da boca e o *blush* devem ser mais sutis.
- Cautela no rímel é importante. Cílios com bolinhas ou com rímel muito grosso podem fazer a candidata parecer uma boneca. Nada de cílios postiços.
- Quanto ao perfume, nem se fala. Tanto para os homens quanto para as mulheres, lavandas leves, mesmo que a entrevista aconteça no final da tarde.
- Brincos de argolas grandes, colares muito chamativos e sapatos coloridos devem ser deixados para outras ocasiões. Discrição é "a deixa" para ter sucesso.
- Não é preciso vestir-se como "mulher do Zorro". O colorido, desde que usado com equilíbrio é bem-vindo; aliás, é o que pode fazer a diferença. Um toque ousado de um lenço no pescoço cria um ar de modernidade sem atrapalhar o conjunto.
- Os cabelos devem estar lavados, penteados e, para quem os tinge, bem coloridos. Não existe nada que deponha mais para a percepção de higiene do que cabelos não cuidados.

Para os homens:

- Se optar pelo terno, use o convencional: azul-marinho ou cinza de tom escuro. Blazer e calça também são muito elegantes.
- No caso de usar calça social, opte por cores escuras, azul-marinho, cinza nos tons chumbo ou preto.
- A gravata deve ser alegre, mas nada de estampas com desenhos animados, como Mickey ou Pato Donald. Podem ser listradas, lisas ou adamascadas. As gravatas coloridas servem para mostrar alegria, arrojo e entusiasmo, tanto para os jovens quanto para os mais velhos.
- Os sapatos podem ser na cor marrom-escuro ou preto, e muito bem engraxados.
- As meias devem ser de cano alto e em um tom mais escuro do que as calças.
- A camisa deve ser branca ou azul-clara, pois fazem a pessoa parecer limpa. Devem estar muito bem passadas.
- Faz parte da boa imagem que o homem se apresente com a barba feita e os cabelos com um bom corte. Para quem usa cabelo comprido é bom prendê-lo com um elástico preto.

Sugestões na falta de roupa adequada:

- Para os homens, é possível alugar um terno e até os complementos. Caso contrário, sempre existe um primo, tio ou amigo dispostos a colaborar. No caso de não ter dinheiro para alugar e ninguém a quem recorrer, o candidato deve procurar no armário uma calça *jeans* bem escura, mas que não fique caída no traseiro. Para acompanhar, uma camisa, que pode ser branca ou até colorida. Como complementos um cinto discreto, e quanto ao par de sapato, social.
- Para as mulheres, supondo que a única peça discreta que tenham no guarda-roupa seja uma calça *jeans*, desde que não tenha rasgos ou seja tipo cargo, a dica é usá--la com blusa branca para dentro, cinto, e no pé sapatos fechados de cor escura. O traje dará um ar composto. Acrescente a esse traje um lenço bonito e, se tiver brincos e colar imitando pérolas, o visual está completinho e elegante.

CAPÍTULO 18
O RELÓGIO NÃO PARA

CORRERIA, A INIMIGA DO DIA A DIA

Está difícil encontrar uma pessoa que não reclame da correria do dia a dia. Parece até que a vida é feita apenas de corrida de um lado para outro. Mesmo as pessoas que vivem tentando esticar o tempo, ao final descobrem que ainda não foi o suficiente.

Está certo que alguns julgam bonito se dizer sem tempo, acreditam que dá um ar de importância, competência e dinamismo. A "coisa" toda é tão maluca, que tenho uma amiga que vive dizendo que não tem tempo nem "pra se coçar". Dá para imaginar o horror?

O fato é que vivemos a vida como se fosse uma grande gincana, tentando sempre nos superar e fazer caber mais coisas num só tempo.

As donas de casa correm com as crianças, com as lições e com o almoço. Sentem seu tempo tão curto que, em vez de contar histórias para a molecada, deixam o vídeo contar. Assim, ganham um período um pouco maior para realizar suas tarefas. Mas quando dão uma *paradinha*, são capazes de ouvir: "Já imaginou se você trabalhasse?".

Para os que trabalham fora, o papo é outro: "Por que não fez isso?", ou então, "Não vai me dizer que não teve tempo!". Afinal, o dia tem ou não vinte e quatro horas?

O fato é que as pessoas dormem cada vez menos, quase não descansam e, mesmo assim, acreditam que podiam fazer mais coisas. Nessa loucura, por usar mais e melhor o tempo, devagarzinho vamos nos esquecendo de ter qualidade. Quem é que já não ouviu "A pressa é inimiga da perfeição"?

Complicado, não é? Embora não dê para fugir da correria, é preciso, dentro do possível, ter cautela. Fazer as coisas rapidamente implica diminuir a segurança ou a qualidade do que está sendo feito.

Seja como for, mesmo não sendo fácil desacelerar, é bom tomar alguns cuidados:

- Pensar se vai conseguir cumprir os prazos antes de fazer qualquer promessa pode resolver futuros problemas, tanto para quem promete quanto para quem espera o que foi prometido.
- Procurar conferir se está tudo em ordem antes de entregar um trabalho, um documento ou qualquer outro pedido evita eventuais aborrecimentos.
- Manter uma lista dos compromissos e atividades de cada dia e conferi-la conforme as tarefas forem sendo cumpridas ajuda a lembrar o que foi esquecido e a reorganizar o tempo.
- Marcar os compromissos levando em consideração o tempo de deslocamento entre um lugar e outro é a única garantia para evitar atrasos. Não acreditar em trânsito livre também ajuda.
- Não ter receio de dizer: "Desculpe-me, mas não vai dar". A sinceridade é mil vezes melhor do que colocar qualquer coisa em risco ou se atrasar. É bom lembrar que a ideia de que no final tudo termina em pizza pode não ser verdadeira.

Se puder, siga os conselhos do comediante, cantor e compositor Eddie Cantor: "Diminua a velocidade e aproveite a vida. Não é apenas a paisagem que você perde indo muito rápido, você também perde o senso de onde está indo e o porquê".

VOCÊ ME MANDA UMA PROPOSTA, MAS É URGENTE!

Esta é a frase que mais se ouve no mercado de trabalho. Proposta URGENTE! Sem medir as consequências de um pedido desta natureza, as pessoas vão movimentando o mercado de propostas.

Numa ponta estão os que têm uma leve ideia do que precisam, e em outra as empresas que precisam vender e, portanto, se lançam com propostas mirabolantes. No meio, um bando de gente que precisa mostrar serviço. É a indústria das propostas.

Um amigo confessou, certa vez, com um ar cansado: "Tenho mais de cem propostas na rua esperando por uma resposta".

A insensatez é tanta que depois de pedirem com urgência as propostas, muitas vezes, só para mostrar serviço, as pessoas se esquecem de posicionar a quem pediram o atraso na resposta ou a negativa formal. Para quem correu e fez "das tripas coração" para atender o eventual cliente, fica a tensão de algum dia obter a resposta.

Como se elaborar uma proposta séria fosse brincadeira e gastasse pouca energia, essa indústria causa sérios danos à credibilidade dessas empresas em geral.

Quem é que torce de coração para um projeto ser aceito? Das pessoas mais calejadas é difícil presenciar uma reação de entusiasmo antes da certeza. Na maioria das vezes, as propostas são entregues somente para "cumprir tabela".

Para melhorar a credibilidade das empresas, é preciso que aqueles que pedem projetos sejam responsáveis e comecem a avaliar se de fato poderão implementar o que está sendo pedido. Caso contrário, é de bom-tom avisar com antecipação que aquilo que estão pedindo é só para "mostrar serviço para o chefe" ou para quem quer que seja.

Pode parecer bobagem, mas imagem de seriedade e credibilidade é uma construção que passa também pelo modo como a empresa lida com o pedido para uma proposta.

VOCÊ SABE ADMINISTRAR SEU TEMPO?

Talvez seja complicado no início, mas para administrar o tempo não é preciso fazer tudo de forma rápida. A ideia é simplificar os processos, reduzindo o número de opções disponíveis. Administrar bem o tempo é fator de competitividade, produtividade e qualidade, tanto no trabalho quanto na vida pessoal.

Um bom começo é perguntar o que rouba seu tempo, verificar se está sendo eficaz e fazendo o que é importante e prioritário. Saber priorizar as atividades é fundamental.

Nunca deixar para depois o que é preciso fazer no dia ou naquela mesma hora. Não se deixe enganar, não acredite que poderá fazer mais tarde, que dará tempo. Como fazer para dar conta de executar tudo em tempo? Bom, uma agenda ajuda a não esquecer os compromissos, mas ela tem de ser usada. Pode ser eletrônica ou não.

Checar todos os dias se encerrou as tarefas previstas. Caso tenha deixado alguma, faça esta em primeiro lugar.

Não se esqueça de fazer as coisas de que não gosta. Aliás, estas devem ser as primeiras. Assim, tiramos da frente aquele enrosco. De resto, é questão de organização e força de vontade.

OLHA O RELÓGIO!

Brasil... meu Brasil brasileiro... Só quem não atrasa é estrangeiro.

Ary Barroso que me perdoe a licença poética, mas este país lindo e trigueiro tem um defeito grave: ninguém gosta de ser pontual. Nossa latinidade, cantada em verso e prosa, parece que ainda não está pronta para viver na era da globalização.

Atrasa-se em tudo... iniciar reuniões, entregar um trabalho, ligar para alguém... Atrasa-se o pagamento, o presente, os parabéns para o melhor amigo e até o casamento.

Para resolver o problema do atraso, escritórios de consultoria socorrem empresas e pessoas vítimas da falta de tempo. O remédio para o problema são aulas de administração do tempo.

A falta de tempo é usada como justificativa para fazer o outro esperar, o que é uma grande gafe. Sim, porque, em geral, por trás dos atrasos sempre existe uma ou mais pessoas que foram pontuais. E saiba que, ao atrasar, você rouba do outro o maior valor da vida: o tempo.

Fazer a outra pessoa esperar é uma forma violenta de mostrar poder. Só atrasa quem pode e, neste caso, só espera quem precisa. Ninguém que tenha juízo atrasa, por exemplo, para uma entrevista de emprego.

A dificuldade em ser pontual é resultado, muitas vezes, de pura indisciplina e falta de respeito pelo outro. Por isso, antes de marcar um compromisso, analise se você tem real interesse que ele aconteça; caso contrário, é melhor não aceitar o convite.

OLHA A HORA, OLHA A HORA!

Atrasos só são justificados em casos muito especiais, como mortes, mas não vale matar a tia duas vezes.

Recomendações:

- Vai atrasar? Ligue avisando.
- Para não esperar demais, ligue confirmando o compromisso duas horas antes e questione se a pessoa vai precisar de um tempo extra para chegar.
- Verifique se entendeu as informações para conseguir chegar ao compromisso: data, hora, local e as coordenadas sobre o trajeto.
- Seja assertivo ao marcar um compromisso. Confesse delicadamente que detesta esperar.
- Redobre a atenção se for um encontro com estrangeiros. Em alguns países, o atraso é considerado falta de caráter.

Pontualidade é um fator que colabora para a boa imagem. Pessoas pontuais transmitem maior credibilidade.

CAPÍTULO 19
VOCÊ É UM "BACANA" OU UM "NADA A VER"?

É bastante comum encontrarmos pessoas que se consideram o máximo, mas, na hora H, não pagam nem "placê".

São os ruins de um "monte de coisa". Por exemplo, a pessoa que se acha fina mas chega atrasada a torto e a direito. Considera-se "politicamente correta", mas só sabe fazer pedidos para os subalternos com grosserias. Outras, quando não conseguem o que querem, dão murros na mesa ou na porta.

Para não haver nenhuma possibilidade de você estar na lista dos "nada a ver", elaboramos uma listinha de perguntas que podem parecer cruéis, mas, no final das contas, podem ajudar a colocar um ponto final na dúvida.

Tudo é muito simples, você responde sim ou não às perguntas que seguem. Em seguida, deve apenas verificar o resultado. Sinal de mais (+) para sim e de menos (–) para não. No final, conte os sinais assinalados. Se todas respostas foram marcadas com positivos, parabéns! Você é "bacana" até debaixo da água. Porém, se houver um negativo, cuidado! Você pode ser descoberto! E, se por acaso, houver mais do que dois sinaizinhos negativos, pelo amor de Deus! Dê um jeito, porque você está indo ladeira abaixo para o lado dos "nada a ver".

Importante: algumas perguntas são especiais para os homens, e outras, para as mulheres. Assim, não considere as que não são para o seu sexo na hora de fazer a soma.

Vamos lá?

1. Você costuma dar bom-dia para os colegas quando chega no trabalho?
2. Cumprimenta as pessoas quando entra num elevador?
3. Mantém a compostura quando não fazem as coisas do jeito que você imaginava?
4. Espera as pessoas saírem do elevador para depois entrar?
5. Fica calmo e responde com educação quando ouve um "não"?

6. Considera grosseiro contar piadinhas machistas na presença de uma mulher?
7. Do seu ponto de vista, falar para uma colega de trabalho algo como "Com todo respeito, mas você fica gostosa com essa roupa" seria grosseiro?
8. Lava as mãos toda a vez que usa o banheiro?
9. Acredita que o tratamento entre os colegas de trabalho deva ser um pouco mais cerimonioso?
10. Costuma ser honesto se perceber que não conseguirá cumprir uma tarefa que foi delegada?
11. Agradece quando foi bem-servido?
12. Entende que manter a privacidade acerca da vida pessoal é prudente?
13. Lembra de dar a descarga sempre que usa o toalete?
14. Mantém-se discreto sobre seus relacionamentos amorosos?
15. Detesta fofocas maldosas?
16. Considera detestável aproveitar a presença do chefe para dar uma "puxadinha de tapete" no colega de trabalho?
17. Quando é convidado para jantar na casa de um colega leva um presentinho?
18. Apoia um colega que está sendo vítima de fofoca?
19. Adora uma situação que envolva pessoas diferentes das que está acostumado a se relacionar?
20. Tem como hábito cumprimentar as pessoas quando fala ao telefone?
21. Considera a hipótese de chegar atrasado um deslize grave?
22. Quando pede qualquer coisa emprestada costuma devolver rápido?
23. Pede desculpas sempre que percebe que pisou na bola com alguém?
24. Costuma agradecer os presentes que recebe?
25. Tem como hábito ouvir as pessoas mais do que falar?
26. Preocupa-se em desligar o celular quando entra numa reunião ou vai a um jantar?

Se não gostou do resultado, um conselho: mude seu jeito de agir.

CAPÍTULO 20
CONCLUSÃO

Competência social, como você deve ter percebido, não são regras rígidas de etiqueta para serem colocadas em prática apenas quando necessárias. São experiências, boas e más, acumuladas ao longo da vida e que nos levam a ter respostas satisfatórias nos relacionamentos com pessoas em todos os eventos do dia a dia, formais ou informais.

Muitas vezes, podemos nos deixar levar pela ideia de que as respostas educadas e adequadas para os acontecimentos nascem sem que seja necessário o exercício do cotidiano.

Infelizmente não é bem assim. É a prática diária de algumas normas de etiqueta e o bom-senso nos relacionamentos que de fato ajudam a tornar uma pessoa querida e admirada.

O respeitar-se e o respeitar os que estão à nossa volta, diária ou esporadicamente e, ainda, em qualquer circunstância, mudam completamente a percepção das pessoas com relação ao nosso desempenho socioprofissional.

Num mundo de relações globalizadas, as diferenças podem parecer imperceptíveis, mas, muitas vezes, são suficientes para dificultar uma relação de negócios ou abrir novas possibilidades.

Para as pessoas que desejam experimentar uma vida profissional desafiadora e global, é preciso manter-se alerta porque o bom desempenho nos relacionamentos deverá estar na pauta de interesses, além, é claro, das competências para a efetivação dos negócios.

Para tornar-se um profissional com habilidades para ser bem-sucedido em qualquer lugar do mundo, nosso conselho é o de se permitir a prática de experiências que se distanciem do cotidiano, a disposição para aceitar as diferenças de hábitos e costumes e a capacidade de flexibilização no convívio com pessoas de todos os tipos.

Ao escrever este livro, concluímos que competência social é a chave para abreviar possíveis dificuldades na vida profissional e social e tornar as interações com novos relacionamentos menos passíveis de erros e enganos.

Este livro não é um manual com regras precisas para serem seguidas, até porque cada evento na vida das pessoas é único e as respostas nunca estão prontas, mas um condensado de sugestões que, se aplicadas, têm potencial para ajudar o desempenho nos relacionamentos.

Não é possível dizer, sem incorrer em erro, que uma determinada atitude ou comportamento são corretos ou não, porque todas as respostas dependem da avaliação do momento, uma vez que nossas ações estão constantemente envolvidas numa rede complexa de elementos e possibilidades com respostas que precisam ser analisadas.

Coisas banais como pegar com as mãos um alimento que foi servido no prato ou arrotar depois de um delicioso jantar, se vistos por regras rígidas do bom comportamento, para nós, brasileiros, podem ser um erro se aplicadas em outros países.

Portanto, permanece o conselho para se manter alerta, ter respeito e interesse pelo outro, e ser alegre, sempre que possível.

Ser alegre porque, de modo geral, acostumamo-nos a perdoar deslizes ou enganos cometidos por desconhecimento às regras do local quando corrigidos com graça e simpatia.

Para finalizar, competência social não é saber com exatidão o que fazer e em que momento fazer, mas buscar o melhor caminho quando não se sabe ao certo o que deveria ser feito.